LES BOURBONS,

150 livraisons formant 3 volumes, 1200 pages d'impression, grand in-8°, papier jésus, illustrés de dessins, portraits, cartels, etc.

30 centimes la livraison.

L'ouvrage touche à sa fin et tous les dessins (papier Chine), portraits et armoiries peuvent être remis par avance, au moment de la souscription.

On peut souscrire sans rien payer d'avance.

Pour recevoir toutes les livraisons franco jusqu'à la frontière, il suffit d'ajouter 5 centimes (par livraison) au prix de la souscription qui est de 30 centimes la livraison.

On est prié d'affranchir les lettres et l'argent.

ON TROUVE A LA MÊME LIBRAIRIE :

ALGÉRIE, in-folio. 3 vol, illustrés de 150 dessins par Philippoteaux, Raffet, Flandin. Bayot etc.
En feuilles. . . . . 456 fr. 25
Reliés, dos brisé et papier serpente. 500 fr. »

ALGÉRIE ILLUSTRÉE. Petit in-8°, 21 lithographies, 129 dessins dans le texte. . . . . 7 fr. 50

FIÈVRES DE L'AME, Mystères des Salons. 1 vol., 21 lithograph. par V. Adam et Frère 10 fr. »

ANIMAUX (les) RAISONNENT, par Alph de Norre. 1 vol. petit in-8°, avec frontispice de V. Adam. . . . . 3 fr. 50

HISTOIRES ET PARABOLES du P. Bonaventure Giraudeau, avec biographie, pensées et maximes de l'Évangile médité du même auteur, réduites en 60 leçons, illustré de 60 dessins et portraits. 1 vol. in-18. . . . . 3 fr. 50
LE MÊME, in 8°. . . . . 6 fr. »

PORTEFEUILLE ALGÉRIEN, pour les Enfants, 36 cartons. . . . . 3 fr. 50
50 cartons. . . . . 5 fr. »

FLORE ALGÉRIENNE, avec dessins et planches coloriées. . . . . 9 fr. »

LES PRINCES EN AFRIQUE (le duc d'Aumale), 1re partie illustrée. . . . . . . 2 fr. »

L'ENFANT TROUVÉ, par Mme B. M., institutrice. 1 petit vol . . . . 1 fr. »

Imprimerie Dondey Dupré, rue Saint Louis, 46, au Marais.

LES

BOURBONS;

LEURS BELLES ACTIONS, LEURS VERTUS,
LEURS FAUTES,

PAR

AUGUSTE SAVAGNER,

PROFESSEUR D'HISTOIRE, ETC.

« Vérité, impartialité »

PARIS.

CHEZ LES ÉDITEURS,

RUE HAUTEFEUILLE, 16.

1845

LAISNE.   LE BERTHAIS.

30 Centimes la Livraison.

(UNE OU DEUX CHAQUE SEMAINE.)

Livraisons du 3ᵉ Volume.

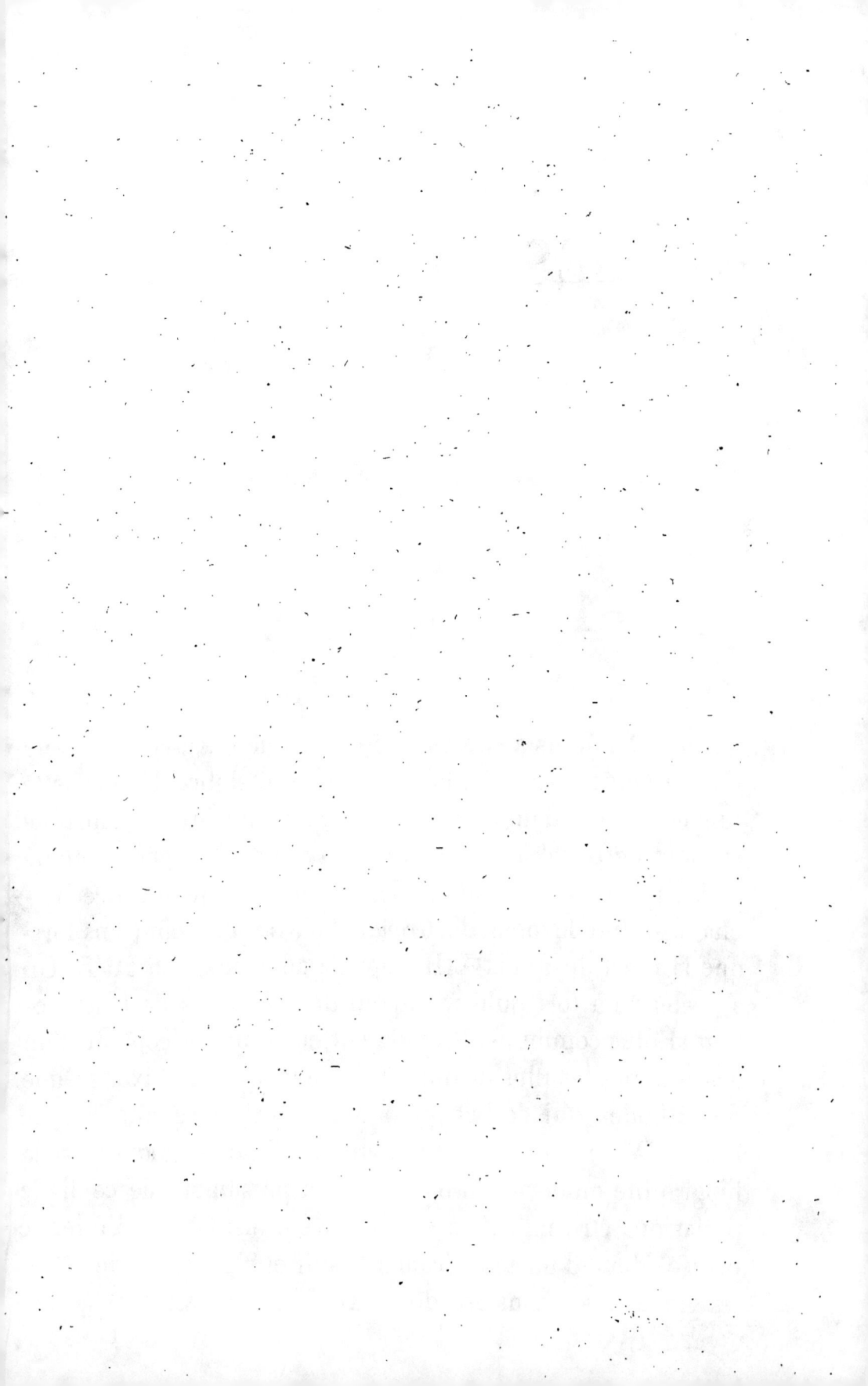

LES BOURBONS.

CHAPITRE XXIII.

LOUIS XIV.

Louis XIV, fils de Louis XIII et d'Anne d'Autriche, stérile durant vingt-trois ans, naquit le 16 septembre 1638. Cette longue attente d'un héritier de la couronne lui fit donner le surnom de *Dieudonné*, qu'on oublia pendant la guerre civile de la Fronde, et qu'il fit oublier encore plus quand il rechercha et obtint le nom dé *Grand*. Il n'avait que cinq ans lorsque la mort de Louis XIII l'appela au trône, en 1645. On a prétendu à tort qu'il manquait des éléments de l'instruction la plus commune. Louis avait eu pour précepteur l'un des hommes les plus distingués de ce temps, Péréfixe, évêque de, Rhodez qui écrivit pour son royal élève une Vie de Henri IV, regardée comme un des chefs-d'œuvre de la biographie moderne. Il n'est point à présumer que ce digne prélat pût être infidèle à ses devoirs d'instituteur. Le jeune prince, doué d'un tempérament actif et vigoureux, de toutes les grâces et de tous les dons extérieurs, réussissant à merveille dans l'équitation, dans les armes, aux jeux du mail et de la paume, se montra moins appliqué aux études sérieuses. Il apprit cependant le latin, et il parlait avec facilité l'italien et l'espagnol. Les sociétés polies, les cercles brillants où la reine sa mère l'introduisit, durent l'habituer de bonne heure à un tact délicat et à ce sentiment des convenances que depuis il unit à l'art de régner. Sérieux, timide, docile et bienveillant, il apprit à écouter, sans dédaigner de plaire ; et la conversation devint pour lui un utile supplément à ses études. La guerre de la Fronde, qui les contraria, servit beaucoup à développer son noble caractère. Dès son adolescence il ne vit autour de lui que les périls du trône. Le temps de ses jeunes années semblait le même que celui de l'enfance de Charles IX. On ne parlait que de l'arracher à la reine sa mère. L'événement d'un combat pouvait le rendre prisonnier de courtisans rebelles, qui lui auraient dicté des ordonnances pour proscrire sa mère. Il avait près de dix ans quand la guerre de la Fronde commença ; il en jugea les divers événements avec une certaine sagacité. Lors des troubles parlementaires, la cour ayant reçu la nouvelle de la victoire de Lens, remportée par le grand Condé sur l'armée espagnole : « Voilà, s'écria le jeune roi, une victoire qui va chagriner MM. du parlement de Paris. »

Cependant la France pouvait citer, même alors, quelques succès extérieurs. Cinq jours après l'avénement de Louis XIV au trône, le grand Condé, alors duc d'Enghien, remportait, à vingt-deux ans, la victoire de Rocroi. Celles de Fribourg, de Nordlingen et de Lens, dues au même héros, le faisaient regarder comme l'héritier du génie, de la fortune et de la valeur de Gustave-Adolphe. Le vicomte de Turenne, de son côté, avec des succès moins brillants et moins constants, perfectionnait encore plus la tactique militaire, et donnait à la France une excellente infanterie. La fortune voulut que ces deux héros fussent opposés l'un à l'autre dans la guerre civile, et changeassent de rôles et de parti, sans doute pour les mettre à même de mesurer leurs talents militaires.

La guerre de la Fronde fut tristement illustrée par la rivalité de ces deux grands capitaines, et n'eut pour ainsi dire d'autre résultat que d'entretenir dans la nation un esprit guerrier, déjà trop enflammé par les succès obtenus précédemment au dehors. Au milieu de ces troubles, Mazarin eut la gloire de fonder le droit public de l'Europe, par le traité de Munster et par la paix de Wesphalie (1648). Les coups que le cardinal de Richelieu, Gustave-Adolphe, les protestants d'Allemagne, Turenne, Condé et le cardinal de Mazarin lui-même avaient portés à l'ambition et à la puissance de la maison d'Autriche, avaient détruit toute prétention à la monarchie universelle. Mais la France s'élevait; et la possession de l'Alsace, que Mazarin lui avait assurée, ne semblait être que le premier essai de ses forces nouvelles. Tandis que l'empereur d'Allemagne se félicitait d'échapper à sa ruine par divers sacrifices, la branche autrichienne d'Espagne refusait d'entrer dans le traité de Westphalie, continuait la guerre, et nous opposait ce même prince de Condé qui avait si cruellement châtié son orgueil.

Mazarin jouissait alors d'une puissance absolue. La guerre civile cessa, quand le parlement ouvrit les yeux sur le crime d'avoir appelé les Espagnols à son secours contre le roi, quand il sut apprécier le repentir lucratif des courtisans; enfin, lorsque Condé commanda ou laissa exécuter l'incendie de l'hôtel de ville et le meurtre de quelques échevins signalés par leur esprit de modération. Les bourgeois de Paris, qui s'étaient habitués à de funestes combats, s'indignèrent enfin des excès de la multitude. Dans la lassitude commune, personne ne songea à des stipulations pour la liberté publique. Le cardinal n'eut qu'à faire semblant de subir un nouvel exil pour désarmer les Parisiens; et bientôt ils le virent rentrer au Louvre, sans étonnement comme sans terreur. La Fronde finit par rire d'elle-même et de ses héros. Mazarin ne se vengea qu'en mettant tout doucement la France au pillage, non au profit du roi, mais au sien; il parut ne regretter que d'avoir été jusque-là trop désintéressé. La reine Anne trembla devant le favori qu'elle avait protégé avec une constance si opiniâtre et si périlleuse. Mazarin sut habilement se servir des qualités naissantes et de l'esprit judicieux du jeune roi, pour contenir son ardeur de gouverner. Louis XIV, attribuant au génie de son ministre l'heureux dénoûment de la guerre civile, crut que l'autorité absolue dont il devait recueillir l'héritage avait été transmise par Richelieu à Mazarin. Il considéra celui-ci comme un père, à l'autorité duquel il ne pouvait succéder qu'après sa mort, et se prépara, par ses études secrètes, aux devoirs qui lui seraient alors imposés. Mazarin voulut, à l'exemple de Richelieu, essayer de la gloire militaire. Il se rendit aux armées, et s'y fit suivre par le monarque; mais c'étaient encore Turenne et Condé que l'on voyait en présence; et l'Europe s'aperçut à peine du voyage militaire du cardinal et du roi. Condé, général de l'armée espagnole, mais subordonné aux ordres d'un archiduc, fut réduit à la gloire de sauver quelquefois une armée qu'il ne pouvait rendre victorieuse. Il vit les ligues de son camp forcées par Turenne devant Arras; les Espagnols battus une seconde fois devant les dunes (1654); et cependant il parvint un peu à balancer les avantages de la campagne.

Le parlement de Paris, dans cet intervalle, avait manifesté le désir de se relever de l'humiliation où il était tombé. Il refusait l'enregistrement de quelques édits bursaux. Louis, âgé de dix-sept ans, se chargea d'aller intimider des magistrats qui l'avaient si souvent réduit à la fuite. Il n'eut point recours à l'appareil des lits de justice. Soit qu'il suivît les instructions du cardinal, soit qu'il se livrât à l'emportement d'un jeune prince enivré de son pouvoir, il se rendit au parlement, précédé de plusieurs compagnies de ses gardes, en équipage de chasse, un fouet à la main, et commanda l'enregistrement avec des paroles hautaines et menaçantes. Le parlement obéit, et dévora en silence cet affront. Louis sut depuis s'abstenir de ces bravades despotiques. Du reste, il paraissait encore entièrement livré aux goûts de son âge. Les filles d'honneur de la reine-mère étaient les objets de ses intrigues galantes. La duchesse de Navailles, chargée de veiller sur leur conduite, fit murer une porte par laquelle le roi avait été quelquefois furtivement introduit. Le respect filial le fit renoncer à de telles entreprises. Bientôt un amour plus sérieux, et qui menaçait de plus près la dignité du trône, alarma cette reine fière et prudente. Marie Mancini, la seule des nièces du cardinal qui fût dépourvue d'attraits, toucha le cœur de Louis par une conversation vive, spirituelle, et par toute l'exaltation d'un esprit romanesque. Dans de fréquents entretiens que le cardinal favorisait et dirigeait peut-être, elle réussit à subjuguer le roi, au point qu'il annonça, sinon la volonté, au moins le désir d'épouser la nièce du cardinal. La reine-mère fut indignée de voir jusqu'où s'était élevée l'ambition d'un ministre ingrat. La fermeté avec laquelle elle parla au cardinal fit réfléchir ce vieux courtisan. Il prit le parti de se donner auprès du monarque le mérite d'avoir généreusement combattu sa passion. Ses remontrances obtinrent un succès plus prompt et plus facile qu'il ne l'avait espéré peut-être. Il ordonna lui-même l'exil de sa nièce. Marie Mancini eut la permission de voir encore une fois le roi, dont elle se croyait tendrement aimée; elle lui laissa pour adieux ces mots touchants : « Vous êtes roi, vous pleurez, et cependant je pars. »

La paix des Pyrénées se conclut peu de temps après le dénoûment de cette légère intrigue (1659). La France fut loin d'obtenir dans ce traité les avantages qui semblaient devoir être le résultat de tant de victoires : elle garda le Roussillon et l'Artois, mais rendit ses conquêtes dans la Flandre. La clause la plus importante avait été le mariage du roi avec l'infante fille de Philippe IV. Le cardinal Mazarin avait regardé comme le chef-d'œuvre de la politique, de transporter à la couronne de France des droits éventuels, soit sur la couronne d'Espagne, soit sur quelque partie de ses vastes états. Ces droits existaient déjà par le mariage d'Anne d'Autriche avec Louis XIII. A la vérité, on exigeait une renonciation formelle de la part de l'infante et du roi; mais la politique européenne, et surtout celle du cardinal, regardait ces renonciations comme la plus vaine des formalités. Un grand appareil avait eu lieu dans les conférences qui se tinrent pour cet objet à l'île des Faisans, entre le cardinal et don Louis de Haro, qui gouvernait la monarchie espagnole. De plus grandes magnificences signalèrent la célébration du mariage. Louis, qui était allé chercher son épouse sur la frontière des Pyrénées, la conduisit avec un magnifique cortége. Pendant une grande partie de la route, on le vit suivre ou précéder la voiture de la nouvelle reine de France, à cheval, le chapeau bas. Ce fut ainsi qu'il lui fit faire son entrée à Paris. Tout, dans cette fête, brillait de grâce, de fraîcheur; tout eût brillé d'espérance et de joie, si le cardinal Mazarin n'avait attristé les regards par la pompe insolente qu'il déploya. Entouré de ses gardes et d'une compagnie de mousquetaires, il semblait, au bout de six ans, triompher encore de la Fronde et montrer au Français les dépouilles que, depuis cette époque, il avait levées sur le royaume.

Le moment du réveil de Louis n'était point encore arrivé. Enfin, au commencement de l'année 1661, il vit dépérir ce ministre, et montra une douleur sincère. Le 9 mars 1661, jour de la mort du cardinal, les ministres s'approchèrent du roi, et lui dirent avec assez de légèreté : « A qui nous adresserons-nous? — A moi, » reprit Louis XIV. Ce mot fut une révolution ; la cour et le peuple, également lassés du règne des favoris, regardèrent comme une sorte de liberté de ne plus recevoir des ordres que du monarque.

Cependant on se défiait encore des résolutions d'un jeune roi assailli de flatteurs et fort suceptible des séductions de la volupté ; mais on le vit bientôt prendre des heures réglées et invariables pour le travail, lire toute requête avec une attention vraie, s'exprimer avec précision, énergie, démêler les affaires les plus difficiles, soumettre à l'ascendant de son caractère encore plus qu'à son autorité absolue, des hommes éclatants de gloire, de talent et de génie ; vaincre toute pensée de rebellion jusque dans le cœur des anciens héros de la Fronde, et de ce grand Condé que la paix des Pyrénées lui avait rendu : on le vit noble et mesuré dans ses paroles, absolu dans ses ordres, sans rudesse et sans colère, obligeant dans son langage, fidèle à ses affections, à ses promesses, plus heureux dans son choix (et ce bonheur dura quarante années) que ne le fut jamais aucun prince souverain, aucun sénat ; exempt de superstition dans son zèle religieux ; cherchant les fatigues à plaisir pour signaler sa force ; amoureux des fêtes ; plein de grâce dans tous les exercices ; doué du talent d'unir les petits détails au grandes vues de la politique ; sensible aux belles productions des belles-lettres et des beaux-arts, et les appréciant par des inspirations soudaines. Jeune et plein d'ambition, il maintint pendant six ans la paix qu'il trouva établie par le traité des Pyrénées ; et la rigueur de son administration prépara les succès militaires qu'il devait obtenir. On peut juger combien il les désirait, par la manière dont il fit respecter l'honneur de sa couronne.

Vers la fin de l'année 1661, le baron de Watteville, ambassadeur d'Espagne à la cour de Londres, disputa le pas au comte d'Estrade, ambassadeur de France, dans une cérémonie qui avait pour objet l'entrée d'un ambassadeur de Suède. Les deux ministres rivaux s'étaient préparés à cette lutte. D'Estrade avait réuni à son cortége cinq cents Français armés; Watteville avait gagné la populace de Londres; le comte d'Estrade fut insulté, son cortége mis en fuite; quelques Français furent blessés. L'Espagnol poursuivit sa marche et jouit insolemment de cette lâche victoire. Louis XIV fit à l'instant sortir de ses états l'ambassadeur d'Espagne, rappela le sien, fit des préparatifs de guerre. L'Espagne intimidée se prêta aux satisfactions exigées par la France. L'année suivante se présenta une occasion à peu près semblable. Le duc de Créqui, ambassadeur à la cour de Rome, avait toléré la licence de ses gens qui insultèrent et meurtrirent une compagnie corse de la garde du pape. La réparation d'un tel attentat n'eût pu être ni éludée ni différée par la cour de France; mais le cardinal Chigi, frère du pontife régnant, voulut ou souffrit que les Corses se vengeassent par eux-mêmes. Ceux-ci se réunirent pour assaillir l'ambassadeur dans son hôtel; ils tirèrent sur le carrosse de l'ambassadrice, tuèrent un page et blessèrent quelques domestiques. Le duc de Créqui se hâta de partir de Rome; Louis fit saisir le comtat d'Avignon, et écrivit au pape que son armée était prête à passer les Alpes pour marcher sur Rome, s'il n'obtenait une réparation éclatante. Le pape, après avoir vainement sollicité le secours des princes de la chrétienté, fut obligé de se soumettre à d'humiliantes excuses, que le cardinal Chigi vint présenter lui-même. Une pyramide élevée dans Rome consacra le souvenir de cet affront.

Le courage des Français ne manqua point d'occupations pendant la paix. Louis envoya du secours à l'empereur contre les Turcs, qui venaient de se répandre dans la Hongrie, et pouvaient mettre Vienne en danger. Six mille Français partirent sous les ordres du comte de Coligny. Ils eurent la gloire d'opérer la délivrance de l'Allemagne, et obtinrent le principal honneur dans la victoire de Saint-Gothard. En même temps, le duc de Beaufort, qui, par sa popularité et sa valeur bien plus que par ses talents, s'était rendu si dangereux à l'autorité royale dans la guerre civile de la Fronde, portait, par les ordres du roi, du secours aux Vénitiens également menacés par les Turcs; et, à la tête d'un petit nombre de galères royales, il réprimait les brigandages des Barbaresques. Louis s'était engagé par la paix des Pyrénées à ne pas soutenir la maison de Bragance, qui, par la révolution de 1640, avait arraché le Portugal à la domination de l'Espagne. Mais comme les Espagnols n'avaient pas rempli rigoureusement les conditions du traité, Louis n'eut aucun scrupule de l'éluder. Au moment où les grands coups allaient se porter sur les frontières du Portugal, le comte de Schomberg, ami et élève de Turenne, s'embarqua pour Lisbonne avec quatre mille Français qui passaient pour être uniquement à sa solde; et, nommé général de l'armée portugaise, il gagna la bataille de Villaviciosa, qui affranchit pour jamais le Portugal du joug de ses voisins. Mazarin avait tellement fait de l'intérêt de l'état la seule religion des traités, qu'il avait acheté l'alliance du régicide Cromwell par la cession de Dunkerque. Il semblait que Louis XIV lui-même eût oublié le crime du protecteur, en faveur de l'autorité absolue que celui-ci exerçait sur un peuple révolté. Quand le dégoût que les Anglais montrèrent pour la domination du fils de Cromwell, et ensuite pour celle du long parlement, eut rappelé Charles II, Louis mit tous ses soins à discerner le caractère de ce monarque et sut profiter de ses embarras et de son naturel prodigue. Dans une négociation qu'il suivit avec autant d'activité que de mystère, il parvint à racheter la ville de Dunkerque pour une somme de quatre millions. Les Anglais s'indignèrent. En vain le parlement fit offrir à Charles II une somme équivalente à celle qu'il allait recevoir du roi de France. Le traité reçut son exécution, parce que Charles II essayait tous les moyens de dépendre moins de son parlement.

La guerre s'alluma bientôt entre l'Angleterre et la Hollande. Louis, qui se livrait avec ardeur au projet de rendre enfin la France puissance maritime, vit avec intérêt le dommage qu'allaient se causer ces deux marines rivales. Son pavillon ne put d'abord se distinguer ni presque se faire apercevoir dans ce conflit entre deux puissances qui couvraient les mers de trois cents vaisseaux; mais en secourant les Hollandais contre un voisin inquiet, l'évêque de Munster, il parut montrer à ces républicains une amitié qui était loin de son cœur, et qu'il devait bientôt cruellement démentir. Vers le même temps il achetait de Charles IV, duc de Lorraine, Marsal, la meilleure des forteresses de cette province : il s'était même flatté d'avoir réuni la Lorraine à la couronne de France, par un testament qu'il dicta et qu'il paya à ce prince aventurier. L'agrandissement auquel visait Louis XIV pouvait se voiler par l'intérêt commun que prenait encore l'Europe à l'abaissement de la maison d'Autriche. La plupart de ces petites entreprises offrait quelque chose de chevaleresque, puisque leur but était de porter du secours aux faibles. Louis occupait ainsi au dehors une noblesse inquiète, et cette foule d'aventuriers mercenaires qu'avait dû multiplier, soit la guerre civile, soit la mauvaise administration intérieure du cardinal Mazarin; mais il voulait des conquêtes. La mort de Philippe IV, son beau-père, lui en fournit l'occasion et le prétexte.

Puissant, ambitieux, muni d'un bon trésor, soutenu par

une armée longtemps victorieuse que commandaient encore Turenne et Condé, il ne fut point arrêté par le scrupule de respecter les droits de Charles II, faible enfant qui montait sur le trône d'Espagne. En échange d'une dot de cinq cent mille francs promise à la reine son épouse, que la cour d'Espagne avait négligé de payer et que celle de France s'était bien gardée de réclamer, il demanda la Flandre et la Franche-Comté. Après quelques délais, commandés par la nécessité de former d'amples magasins, il marcha sur la Flandre, emmenant avec lui Turenne, Louvois et Vauban, la meilleure infanterie, les plus habiles ingénieurs, et la plus redoutable artillerie de l'Europe. Point de place renommée qui ne tombât devant lui. Lille, elle-même, ne lui prit que neuf jours de siége. Il lui suffit de se présenter devant Douai, Armentières, Charleroi, Tournai, Courtrai et vingt autres places. L'armée espagnole n'osait porter du secours à aucune de ces forteresses. La conquête de la Franche-Comté fut encore plus facile : les villes ouvraient leurs portes à Condé, presque à la première sommation ; la soumission de plusieurs commandants et de plusieurs magistrats avait été payée par l'or de la France. Quelque diligence que fît Louis pour trouver encore des occasions de gloire dans cette province, il n'arriva que pour presser le siége de Dole, qui seule osa se défendre pendant quatre jours.

L'Autriche allemande s'était tenue immobile pendant ces coups portés à l'Autriche espagnole. On vit avec étonnement la Hollande venir au secours du petit-fils de Philippe II. Le grand pensionnaire de Witt craignit pour son pays un voisin plus dangereux que l'Espagne affaiblie : il fallut négocier. Louis, irrité de cette intervention inattendue, mais cachant alors son ressentiment, prit le parti de rendre une de ces deux conquêtes, pour s'assurer l'autre. Il restitua la Franche-Comté, bien déterminé à la reprendre à la première occasion,

et se fit céder, par le traité d'Aix-la-Chapelle (1668), plusieurs de ces villes florissantes qui forment aujourd'hui la
Flandre française.

Il est temps de le suivre dans des travaux d'une gloire plus
noble et d'un ordre encore plus imposant. Un sens exquis
lui avait suggéré comme le premier de ses devoirs, celui de
travailler à la réforme de l'administration ; et les succès qu'il
avait obtenus se manifestent par les négociations diverses où
nous venons de le voir, l'or à la main, dicter ses lois à des gouverneurs obérés. Soit que le cardinal Mazarin rougît de son
immense fortune de quarante millions, qui en représentent
aujourd'hui quatre-vingts, soit qu'il tentât sur le cœur du roi
une épreuve dont il se tenait assuré, il lui en fit une entière
donation, que Louis refusa dans son aveugle gratitude; et
un trésor bien supérieur à celui qu'avait laissé Charles V, et
comparable à celui de Henri IV, alla s'engloutir dans les
folles dépenses du fantasque époux de l'une des nièces du
cardinal. Mais tout trésor qu'on se fait par l'économie vaut
mieux que celui qu'on a reçu en héritage. Louis le prouva
par son exemple; il montra une ardeur sans égale pour s'ini-
tier dans les secrets de l'administration. Il y avait, sous Mazarin, comme deux ministres des finances; l'un qui présidait
aux siennes, c'était Colbert son intendant; l'autre, à celles
de l'état, c'était Fouquet. Les premières étaient aussi florissantes que les secondes étaient délabrées; Mazarin vantait
Colbert au roi, et lui faisait peut-être soupçonner Fouquet,
afin de n'être pas soupçonné lui-même. A la mort du cardinal, Fouquet crut pouvoir continuer des désordres que son
faste rendait manifestes. Cependant Louis observait son surintendant. Irrité d'avoir vu que cet opulent séducteur des
plus belles personnes de la cour avait osé porter ses vues
jusque sur mademoiselle de la Vallière, il se sentit animé
contre lui d'une haine que Colbert enflamma. Louis regarda

comme un témoignage des déprédations du surintendant
l'étalage indiscret de son opulence. Après l'avoir fait arrêter
par le capitaine de ses gardes, et transférer de prison en prison, il le poursuivit par des abus de pouvoir qui rappelaient
le temps de Richelieu, le fit juger par une commission, non-
seulement pour les déprédations qu'il avait pu commettre,
mais pour le délit chimérique d'une tentative de rebellion.
Il montra dans cette occasion, et devait montrer dans des
circonstances plus graves, combien la force d'une prévention
pouvait altérer la justesse de son esprit et l'équité de son caractère. On le vit avec surprise peu de jours après la disgrâce
de Fouquet, s'imposer à lui-même tout le travail d'un surintendant des finances. Il est vrai qu'il s'associa, pour cet emploi,
Colbert, qu'il nomma contrôleur-général ; mais s'il reçut de
lui une instruction difficile, tout prouve qu'il étendit, par des
conceptions hautes et judicieuses, l'esprit exact, habile et vi-
gilant de l'intendant de Mazarin. Colbert, sous un prince
indolent et dissipé, eût pu n'être qu'un homme à ressources ;
inspiré par Louis XIV, il fut un homme de génie. L'imagination s'étonne des travaux qu'ils accomplirent en quelques
années de paix, et même au milieu de plusieurs guerres qu'il
fallut soutenir contre la plupart des états de l'Europe. On vit
l'impôt des tailles réduit successivement d'un cinquième, l'intérêt de la dette public diminué de près de vingt millions, le
revenu de l'état considérablement augmenté par la prospérité
du commerce.

L'Europe vit avec étonnement l'industrie française, dès
son premier essor, surpasser celle des Pays-Bas, des villes
commerçantes d'Italie, et des villes anséatiques. De nobles
avances, faites par Louis, sollicitèrent d'abord l'activité des
particuliers. Le luxe justifia toutes ces inventions, en leur
donnant un caractère de grandeur et de solidité. Les manufactures de draps d'Abbeville, de Sédan, de Louviers et

d'Elbeuf, celles des étoffes de soie de Lyon et de Tours, furent, dès leur naissance, sans rivales en Europe. Les secrets des manufactures de glaces et de plusieurs autres genres d'industrie, furent enlevés aux Vénitiens, aux Pisans, aux Génois. Les tapisseries des Gobelins se montrèrent dignes de retracer les faits d'un tel règne, et les tapis de la Savonnerie surpassèrent la magnificence du luxe oriental. Une foule de jeunes paysannes furent habilement dirigées dans le travail des dentelles. Des manufactures de chapeaux, de bas, d'étoffes communes, de divers ustensiles de fer et de cuivre; l'invention de beaux carrosses, substitués à des voitures grossières, fournissaient encore plus aux riches exportations de la France. L'intérêt de l'argent diminua : les capitaux s'accrurent. On fut étonné du petit nombre de faillites parmi tant de nouveaux établissements. L'agriculture reçut des soulagements par la diminution des tailles; mais Colbert commit la faute de la subordonner trop aux besoins des manufactures, en défendant presque toujours l'exportation des blés, qui avait produit tant de trésors sous l'administration de Henri IV et de Sully. L'esprit de règlement donna une impulsion et des règles communes à tant d'établissements qui naissaient à la fois; et tout ce qui émana de Colbert joignit la rigueur du bon sens à une prévoyance étendue. Bordeaux, Nantes, Saint-Malo et Dunkerque firent connaître et respecter les vaisseaux français dans les Indes et le Nouveau-Monde. Le commerce de Marseille s'étendit dans les Echelles du Levant. Colbert reçut un nouveau département, celui de la marine, et il fut pour elle un admirable législateur. Bientôt s'élevèrent les magnifiques constructions des ports de Toulon, de Brest et de Rochefort.

Louis, en même temps qu'il délivrait son peuple des concussions des traitants, s'occupait de mettre un frein aux vexations des gens de justice. En 1667, parut l'ordonnance sur la procédure civile, dont la précision et la clarté, épouvantant le génie de la chicane, l'embarrassèrent longtemps, mais sans pouvoir le vaincre. Les grands actes de la législation se multiplièrent. En peu de temps parurent un code pour le commerce (1673), un autre pour la marine (1681), un autre pour les eaux et forêts (1689), où brille le génie de la conservation; un autre pour les colonies, connu sous le nom de code noir, et qui présentait quelques lueurs d'humanité. L'ordonnance pour l'instruction de la procédure criminelle (1670) est de tous ces codes celui qui a encouru dans notre siècle les plus légitimes censures. On sait qu'un homme dur, Pussort, oncle de Colbert, réussit à conserver les principes d'une jurisprudence gothique et cruelle, que Lamoignon voulut sagement modifier. A l'exception de ce dernier code, tout les autres, opérant des rectifications faciles, devaient un jour inviter les esprits à s'occuper d'améliorations plus importantes. Louis prenait beaucoup d'ombrages des innovations politiques; et ce qu'il y eut de singulier, c'est que tous les Français partagèrent alors la même défiance. L'amour de l'ordre était devenu la passion du siècle; mais on voulait un ordre plein de vigueur et de majesté, fécond en résultats, en créations; et l'on trouva le secret d'être original sans bizarrerie et sans témérité. Il parut à la fois une foule d'excellents magistrats, d'hommes signalés par des vertus antiques, dans ces mêmes parlements qui n'avaient pu éviter le ridicule en conduisant une guerre civile. Louis se gardait bien de montrer aucun ressentiment, et cachait sa défiance sous des formes polies. Dans le progrès de son autorité absolue, il en vint jusqu'à supprimer le droit de remontrance, ou du moins jusqu'à le rendre illusoire, en ne le permettant plus que huit jours après l'enregistrement des édits.

Le clergé surpassait alors en éclat et en renommée l'ho-

norable magistrature dont on a parlé. De grands exemples
de piété brillaient dans la capitale : saint Vincent de Paule
avait donné à son siècle la plus heureuse impulsion, et des
établissements de charité et de bienfaisance s'étaient élevés
de toutes parts à sa voix. De nouveaux pères de l'église animaient le zèle religieux dans un siècle poli. L'incrédulité
naissante fut déconcertée à la vue de ces puissants athlètes
de la foi, et se réfugia dans les plaisirs d'un indolent épicu-
réisme, ou dans les futilités du bel esprit. Les différentes
sectes de la religion réformée furent émues de crainte et de
respect. Louis XIV, ennemi des innovations religieuses, montra de fortes prétentions contre le jansénisme, que la reine sa
mère avait déjà en aversion. Cependant ces hommes religieux,
austères, éloquents, qu'on désignait sous le nom de solitaires de Port-Royal, avaient ajouté de l'éclat à ce beau siècle
de l'Église, qui fut en même temps le beau siècle des lettres.
L'auteur des *Lettres provinciales*, enlevé par une mort prématurée, avait laissé la sublime esquisse du plus grand ouvrage
qui eût été entrepris pour la défense de la religion chré-
tienne. Le docteur Arnauld, trop ardent sur d'autres objets,
défendait avec succès la religion catholique contre les attaques
d'un puissant controversiste, Claude, ministre protestant. Les
Bossuet, les Fléchier, les Fénélon, les Bourdaloue, faisaient
des conversions auxquelles aidait parfois la sagesse de
Louis XIV. Heureux ce monarque, s'il eût eu plus de confiance dans le zèle et les talents de ces redoutables adversaires de l'hérésie, et s'il n'eût voulu depuis avancer les
œuvres de la foi par la force de l'autorité ! Les dignités ec-
clésiastiques ne furent jamais conférées avec plus de scrupule.
Aucun évêque n'osa sortir de la sphère de ses devoirs, et
jamais l'épiscopat ne fut plus illustré. On ne vit point, comme
dans les cinquante années précédentes, les prélats gouverner
l'empire, commander les armées en personne, ou marcher

à la tête des factions. Totefois les évêques ne renoncèrent pas aux faveurs de la cour.

Pendant la première moitié de ce règne, le clergé, qui élevait de nouveaux boulevards autour de la religion catholique, se montra plein de zèle à défendre les libertés de l'église gallicane et à repousser les prétentions ultramontaines. Louis XIV, dans sa fierté royale, donnait cette impulsion que Bossuet secondait par son éloquence, par l'étendue et la pureté de sa doctrine. La cour de Rome s'étonna et s'irrita d'une résistance habile, respectueuse et ferme, qui produisit, en 1682, les quatre fameuses propositions du clergé, dites *libertés de l'Église gallicane*. Mais depuis, Louis soutint mal son ouvrage ; le clergé parut changer de principes : le parlement seul conserva les siens.

La condition des nobles changea sans qu'ils s'en aperçussent. Il n'y eut plus de ces grands seigneurs qui, soit à la cour, soit dans leur gouvernement, rappelaient les grands vassaux d'autrefois, levaient des armées, et marchaient toujours entourés de trois ou quatre cents gentilshommes. Le titre de gouverneurs devint illusoire, et leur autorité réelle fut transférée à des commandants, moins dangereux par leur crédit et leur naissance. Ce que Louis XI et le cardinal de Richelieu avaient opéré avec des échafauds, Louis XIV sut le consommer avec des pensions, des rubans, avec des regards bienveillants ou sévères, avec des paroles flatteuses, avec les étiquettes de son palais, avec le privilége de grandes et de petites entrées, avec la compagnie qu'il nommait pour le suivre à l'armée ou dans ses voyages de Marly, de Compiègne, de Fontainebleau ; enfin avec tous les signes commodes et variés qui annoncent la faveur, en excitant le désir, et font servir la jalousie des grands à la sécurité et au pouvoir du prince. Louis XIV put s'amuser longtemps de ces petites inventions qui opéraient de si grands résultats ;

mais quand ce régime fut établi dans toute son uniformité, il n'en éprouva plus que la contrainte et l'ennui. Né en quelque sorte sur le trône, il n'eut pas, comme son aïeul, le bonheur de connaître l'amitié ; mais il se conduisait envers ses courtisans comme l'ami le plus judicieux. Arbitre de leurs discordes, il était aussi le confident de leurs peines domestiques. Souvent il sut prévenir de grands désordres, étouffer d'horribles scandales. La cour ne se ressentait que trop des souillures des mœurs italiennes contractées sous la régence des deux Médicis. Louis lui rendit des mœurs françaises, c'est-à-dire des mœurs plus aimables que régulières. De jeunes courtisans qui avaient bravé les lois et le mépris public, furent enfin contenus par les sévères remontrances du prince, et par la crainte d'une disgrace éternelle. L'adultère, trop encouragé par les exemples du monarque, fut souvent expié par des repentirs profonds, et le cloître ne cessa de s'ouvrir à d'illustres pécheresses. Toutes les passions, assujetties à des bienséances qui n'étaient point encore de l'hypocrisie, eurent plus de profondeur et plus de délicatesse. Partout le langage devint plus noble, parce que les sentiments l'étaient davantage, et fut en même temps naturel, parce que les grandes choses et les grandes idées devenaient plus familières. La vertu sans tache obtenait des honneurs constants dans une cour galante. La sévérité des ordonnances de Louis contre les duels ne put abolir, mais diminua beaucoup cet usage barbare. Il faut reconnaître d'autre part que ceux des courtisans qui persévéraient dans des mœurs dissolues, se livraient à plusieurs genres d'excès ou de turpitude, tels que les friponneries au jeu, divers genres d'escroqueries, les sociétés de prétendus devins et les plus grossiers excès de la table. Il y eut des empoisonnements présumés, d'autres constatés ; mais quelques exemples d'immoralité et de scélératesse n'ont jamais rien prouvé contre l'esprit général d'une nation, d'une société, d'une cour.

Louis XIV ne sépara jamais son estime de sa faveur. Le maréchal de Vivonne s'en montra digne par de brillants succès sur terre et sur mer, par sa probité délicate et par son goût pour les lettres. Le duc de la Feuillade qui avait déployé des qualités chevaleresques dans la brillante expédition des Français envoyés au secours de l'empereur contre les Turcs, fit ériger à ses frais le monument trop fastueux de la place des Victoires : ce fut un tort à Louis de le souffrir ; mais on ne voit pas que la vanité de ce monarque ait reconnu un si brillant et si dangereux hommage par d'immenses largesses. Lauzun avait séduit le roi par l'ingénieuse vivacité et l'air passionné qu'il portait dans son rôle de courtisan ; mais il dut vivement l'irriter par son arrogance, par des incartades irrespectueuses, et par le succès de ses artifices auprès de Mademoiselle, fille de Gaston d'Orléans. On sait qu'un jour où il avait poussé le roi à bout par une indiscrétion impardonnable, Louis jeta sa canne par la fenêtre en disant : « Dieu me préserve du malheur de frapper un gentilhomme ! » Il était beau d'exprimer ainsi sa colère ; mais Louis usa moins modérément de son autorité despotique, en faisant enfermer pendant dix ans à Pignerol ce même duc de Lauzun, devenu, par un mariage secret, l'époux de Mademoiselle. Par une bizarerie qui dénote les vices de son caractère, le duc se conduisit, au sortir de cette prison, en véritable tyran de la princesse qu'il avait subjuguée, et comme l'adorateur le plus passionné du roi, qui lui avait témoigné un si long et si cruel ressentiment. Le duc de la Rochefoucauld, fils de l'auteur des *Maximes*, fut le plus discret de tous les favoris. La faveur du maréchal de Villeroi devint, beaucoup plus tard, fatale aux armes françaises.

Louis XIV fut encore moins dominé par ses maîtresses que par ses favoris. Ce monarque n'affranchit point sa famille des lois de l'étiquette qu'il imposait à tous ses courtisans : il rendit cependant tous les soins d'un fils tendre et respectueux, à la reine Anne d'Autriche, qui mourut en 1666, après une maladie longue et douloureuse. Il parut prendre un soin continuel d'intimider, mais sans rudesse et sans emportement, son frère, Monsieur, qui, livré comme Gaston d'Orléans à des favoris tracassiers et pervers, eût pu, étant moins surveillé, renouveler les troubles du règne de Louis XIII. L'épouse de ce prince, immortalisée par l'éloquence et les regrets pathétiques de Bossuet, avait inspiré au roi, son beau-frère, des sentiments que le public et la cour même n'auraient vus qu'avec horreur. Louis eut la force de faire taire une passion naissante. La mort subite et prématurée de cette princesse frappa les esprits du soupçon d'un grand crime : le roi, dans sa douleur, sut s'abstenir de commencer des recherches odieuses, et de sacrifier la sûreté de l'état et la paix de sa famille à des bruits populaires. Plusieurs lettres de Louis prouvent qu'il aimait tendrement le Dauphin ; mais peut-être fit-il trop souvent sentir à son fils la froide autorité du monarque. Ce prince, timide et inappliqué, répondait faiblement aux espérances qu'avaient fait concevoir deux instituteurs tels que le duc de Montausier et Bossuet. L'épouse de Louis XIV, modeste, réservée, constante et douce dans sa piété, semblait se faire une crainte égale de déplaire à Dieu, ou de déplaire à son époux. Louis, en l'environnant de respect et de quelques témoignages d'affection, n'exerça que trop la patience de la pieuse reine, par l'éclat et la multiplicité de ses amours adultères. D'abord il parut se les reprocher, en rougir et ne céder qu'à la force de sa passion ; mais dès qu'il se crut assez grand pour se faire pardonner un genre de fautes que la nation française a toujours trop faiblement reproché à ses rois, il déclara sans contrainte, et avec une sorte de faste, les liaisons les plus coupables. Accessible aux remords avant d'avoir atteint l'âge qui émousse les désirs, il parut, dès sa quarante-deuxième année, préférer des sentiments épurés à des plaisirs enivrants, qui troublaient sa conscience. Tout le monde connaît ses amours avec de la Vallière, Montespan, Fontanges et Maintenon. La première de ces dames, dans le secret d'une passion qu'elle s'efforça vainement de combattre et se reprocha sans cesse, craignait des honneurs, indices de sa faiblesse; elle les reçut en rougissant, adora toutes les volontés de Louis, lui sacrifia deux fois un repentir et de justes alarmes qui la portaient à la retraite, trembla toujours de l'affliger, et, après l'avoir vu inconstant, attendit, avec la crédulité des âmes tendres, que sa patience et la sincérité de son amour lui ramenassent un roi dont les passions voulaient être irritées par les obstacles. Ses longues douleurs furent respectées par les courtisans. Bientôt elle se créa des droits à l'estime et à la vénération des personnes les plus austères. Il n'y en eut aucune qui ne la suivît de ses pleurs au couvent des Carmélites, dans le moment solennel où, sous les yeux de la reine, elle consomma un religieux sacrifice auquel l'éloquence de Bossuet prêtait encore plus d'intérêt et de pompe. Madame de Montespan, douée d'une beauté éblouissante, armée d'un esprit vif et piquant, régna par des artifices et des défauts qui eussent peut-être prolongé l'empire de sa rivale. D'abord, elle s'inquiéta ou parut s'inquiéter des premiers hommages du roi, et engagea son mari à l'emmener loin de la cour; celui-ci ne crut pas alors devoir faire le sacrifice de son ambition personnelle à des craintes qui pouvaient être chimériques; mais son épouse lui fit cruellement expier cette incrédulité. Elle plaça bientôt son orgueil dans un scandale éclatant, rechercha les indignes honneurs d'une maîtresse déclarée, et livra un mari qui l'obsédait de ses plaintes, quelquefois de ses fureurs, à la colère du roi. Louis, en sacrifiant mademoiselle de la Vallière à cette maîtresse arrogante, perdit ce bonheur si rarement goûté des rois, celui d'être aimé pour soi-même : mais s'il soumit à madame de Montespan une cour qu'il avait pliée à toutes les formes de l'idolâtrie, il se garda bien de lui soumettre aucune opération de son cabinet. L'esprit de madame de Montespan était d'ailleurs peu fait pour de tels soins, et ne se manifestait que par des saillies malignes et mordantes. Louis y souriait gravement ; et quoique dominé par ses sens, quoique réveillé dans sa passion par des orages perpétuels et toutes les contrariétés d'un caractère hautain et capricieux, il sentait le besoin d'entretiens plus solides, plus calmes, d'un commerce plus doux et plus mêlé de confiance. Ces entretiens, il les trouva bientôt auprès de la veuve de Scarron, à qui son indigence avait fait accepter l'emploi de gouvernante des enfants que le roi avait eu de madame de Montespan. D'abord, il avait craint en elle cette espèce de gêne que fait souvent éprouver le bel esprit ; mais chaque jour il sentit mieux l'ascendant d'un esprit naturel, mêlé de mille agréments que rehaussaient toujours le bon sens, un air de vertu et une piété entourée de tous les dehors de la modestie. Madame Scarron, qu'il faut dès à présent nommer madame de Maintenon, était belle encore ; elle se garda bien de compter sur ses attraits pour balancer ou pour ruiner l'empire de madame de Montespan. Ce fut en ne prétendant qu'à l'amitié du roi, qu'elle fit, par degrés, naître un amour profond. Cette amie cependant était sévère : elle réveillait ou nourrissait, dans le cœur de Louis XIV, des scrupules auxquels il se proposait de satisfaire plus tard. Il venait tous les soirs rêver auprès de madame de Maintenon à sa conversion future qu'il différait toujours. Bossuet secondait avec un zèle un peu timide les avis de madame de Maintenon ; l'un et l'autre crurent souvent avoir vaincu la faiblesse du roi, mais ne firent que procurer à madame de Montespan la joie et le triomphe d'une réconciliation passionnée.

Cependant Louis lui donna pour rivale mademoiselle de Fontanges, regardée à la cour comme un prodige de beauté, mais de beauté seulement. Le règne si court de cette favorite ne servit qu'à éteindre l'amour du monarque pour madame de Montespan, et lui fit sentir encore mieux le charme des entretiens de madame de Maintenon. Lorsque celle-ci régna seule sur le cœur du roi, elle n'obtint ni ne rechercha peut-être qu'une influence très-restreinte sur les résolutions politiques.

Il faut maintenant parler de la direction que Louis XIV donna aux sciences, aux lettres, aux beaux-arts. Descartes n'était plus; mais ce philosophe régnait, après sa mort, par la clarté et la nouveauté hardie de sa méthode, la noblesse sévère de son style, l'étendue de ses découvertes, l'ensemble et l'audace de ses hypothèses. Le premier des modernes, il avait remplacé Aristote dans une sorte de monarchie universelle sur le monde savant, surtout le monde penseur. C'était principalement par ses méditations métaphysiques qu'il semblait avoir soufflé aux esprits quelque chose de divin que l'on reconnaît dans l'éloquence de Bossuet, dans les hautes pensées de Pascal, dans la doctrine d'Arnauld, dans celle de Bourdaloue, dans la philosophie aussi élevée que tendre de Fénélon, dans la philosophie fière et mesurée de la Bruyère, dans cette philosophie si profonde que Malebranche, le continuateur de Descartes, exprima d'un style si limpide. Si ce grand siècle littéraire fut appelé le siècle de Louis XIV, c'est qu'il y eut une époque brillante où tout parut entrer dans la sphère de ce monarque. Notre imagination nous dit que Bossuet eût été moins sublime en foudroyant les grandeurs humaines, s'il ne les avait vues étalées dans la plus grande pompe qu'elles eussent jamais reçue; que Racine, loin d'une telle cour, ne fût point parvenu à peindre avec un charme si puissant, ni Quinault avec un charme si séduisant, les faiblesses du cœur; que Massillon ne les eût pas pénétrées avec tant de profondeur, combattues avec tant d'onction; que les fables de la Fontaine devaient s'écrire en même temps que les lettres de madame de Sévigné; que le génie observateur de Molière dût être singulièrement secondé par le passage de mœurs encore incultes à des mœurs si polies. Il n'est point d'homme d'un goût exercé qui ne sente que le canal qui joint les deux mers, la colonnade du Louvre, l'arc de triomphe de Saint-Denis, le dôme des Invalides, les beaux ouvrages sortis du ciseau de Girardon et de Puget, les tableaux de Lebrun et de Lesueur, les jardins de Lenôtre; que tous ces monuments resplendissants de majesté devaient être contemporains des tragédies de Corneille et de Racine, des oraisons funèbres de Bossuet. Les vertus de Turenne élevaient l'esprit de Fléchier.

L'admiration pour Louis XIV fut un sentiment commun à tous ces hommes de génie. Presque tous furent récompensés par lui avec discernement, avec grâce et quelques-uns avec magnificence. Ils s'entr'aidaient, s'échauffaient par la simultanéité des merveilles qu'ils avaient à s'offrir, et semblaient, dans des genres si divers, puiser à une même source du beau. Le grand Condé, le duc de la Rochefoucauld, le maréchal de Vivonne, le président de Lamoignon, le duc de Montausier, partagèrent sans doute avec Louis le mérite d'avoir été les bienfaiteurs des lettres; mais n'a-t-il pas dû obtenir le premier rang, ce monarque qui protégea la représentation du *Tartufe* contre les ressentiments des faux dévots et les scrupules de beaucoup d'âmes timorées; qui permit à Molière de soumettre la cour elle-même à ses tableaux; qui rendit le sort de Racine et de Boileau plus doux encore que n'avait été celui de Virgile et d'Horace; qui, dans sa jeunesse, reçut si bien un avertissement sévère que lui donna l'auteur de *Britannicus*; qui trouva bon que Boileau cassât ses arrêts en matière de goût ; enfin qui fut remercié avec tant de feu, par Corneille vieillissant, d'avoir ranimé l'enthousiasme du public et de la cour pour les anciens chefs-d'œuvre qu'allait proscrire l'inconstance de la mode ! Il est vrai que ce même Corneille et que la Fontaine n'eurent qu'une part modique à ses libéralités ; mais les rois oublient facilement ceux qui ne s'offrent point à leurs regards, surtout quand ils ont le malheur d'être, comme Louis XIV, guerriers et conquérants.

Cependant, les leçons des grands orateurs et des grands écrivains ne furent pas tout à fait perdues pour lui. Corneille, dans des vers composés pour un divertissement ; Boileau, dans ses belles épîtres ; Bossuet, dans quelques parties de ses oraisons funèbres et de ses sermons ; Racine, dans un mémoire dont le destin fut, comme on le sait, si fatal pour son auteur ; la Bruyère, dans quelques pages éloquentes ; Fénélon et Massillon, avec un zèle plus courageux que tous les autres, semblaient avoir conspiré pour sauver ce monarque de l'abîme presque inévitable où tombent les conquérants et où ils entraînent leurs peuples. Vers la dixième année de son règne. c'est-à-dire, du moment où il régna par lui-même, Louis conçut la pensée d'écrire des instructions pour le dauphin, en mettant sous les yeux de ce jeune prince le détail de ses plus importantes affaires, les secrets de sa politique et ceux de sa conscience comme roi. Cette occupation ennoblit ses loisirs pendant quelques années. Pour mettre en ordre les pensées qui lui échappaient, ou pour les rédiger avec plus de correction et d'élégance, il eut recours à la plume de Pélisson. Les ébauches de ce travail sont parvenues à la postérité : rien n'est plus facile que d'y démêler ce qui appartient au royal écrivain, et ce qui a été embelli par l'habile rédacteur. L'âme de Louis XIV s'y montre à découvert même dans les épanchements de son orgueil. Il se propose toujours pour modèle à son fils ; mais ce genre d'égoïsme n'a rien de repoussant, parce que le style a toujours de la simplicité, souvent de l'énergie, quelquefois de la profondeur, et surtout parce qu'on reconnaît dans une confession si superbe les sentiments d'un honnête homme, ceux d'une âme ardente et forte, plus ou moins altérés par les maximes de l'autorité absolue et par les séductions de la fortune.

Louis XIV donna un nouveau lustre à l'Académie Française par des distinctions honorables. Il fonda, en peu d'années, l'Académie de peinture et de sculpture (1648), celle des inscriptions et belles-lettres (1663), celle des sciences (1666), l'Académie des élèves de Rome (1667); fit construire l'observatoire de Paris, et s'occupa du jardin de botanique; magnifiques et solides établissements, qui ont porté si loin la gloire du nom français. Il donna des pensions à plusieurs savants étrangers, tels que Heinsius, Vossius, Huyghens, et depuis appela en France les Cassini, les Bernouilli; commanda les beaux voyages de Tournefort; fit mesurer la méridienne de Paris, fondement du plus beau travail géographique connu dans l'histoire; continua le Louvre sur un plan magnifique, et fit élever, par le génie d'un Français, Charles Perrault, l'admirable façade du plus beau palais de l'univers.

Louis XIV ne pouvait pardonner aux Hollandais ni l'intervention par laquelle ils avaient borné ses conquêtes et modéré ses avantages dans la paix d'Aix-la-Chapelle, ni les bravades arrogantes de quelques-uns de leurs magistrats, ni les traits amers que les journaux de cette république lançaient contre lui. Surtout il brûlait du désir d'annoncer, par un début éclatant, la puissante marine qu'il venait de créer par les soins de Colbert. Il s'unit avec le roi d'Angleterre, par l'entreprise de Madame. Le prodigue Charles II reçut avec joie les subsides qui lui furent offerts. Louis n'eut point de peine à séduire par le même appât deux petits souverains, les évêques de

Munster et de Cologne, animés de la haine la plus vive contre
la république leur voisine. Le dernier lui ouvrit le passage
le plus commode pour frapper les Hollandais de coups aussi
terribles qu'inattendus. Wesel, Rheimberg et d'autres petites
villes sur le Rhin, furent prises par le roi dès l'ouverture de
la campagne. Bientôt la fortune lui offrit l'occasion d'accom-
plir un de ces faits qui frappent l'imagination des peuples.
Le comte de Guiche annonça que la sécheresse de la saison
avait formé un gué sur un bras du Rhin, et qu'en nageant
pendant l'espace de vingt pas, la cavalerie française pourrait
le franchir assez facilement. Il était dans le génie du grand
Condé de tenter un tel moyen ; il n'eut pas de peine à le
faire goûter au roi. Deux mille hommes, qui gardaient l'autre
rive, furent interdits à la vue de cette cavalerie qui passait le
fleuve. L'armée n'eut presque à regretter que le jeune duc
de Longueville. Le grand Condé eut un poignet fracassé en
détournant un pistolet qui lui fut tiré à bout portant. Louis,
qui s'était exposé sur la tranchée dans quelques siéges, et
particulièrement à celui de Lille, eut pourtant la prudence
de passer le Rhin sur un pont de bateaux avec son infanterie.
Cette circonstance diminuait un peu l'éclat de cette journée.
Le talent d'un de nos premiers poëtes n'a pas peu contribué
à rendre immortel ce passage du Rhin, que l'on comparaît
dans le temps à celui du Granique. La Hollande était surprise ; une terreur panique avait saisi tous ses chefs militaires. Les forts les plus vantés se rendaient après quelques
jours de siége, et souvent à la première sommation. Les bras
de mer n'étaient plus que des barrières inutiles. Le roi aidait
au prestige, à la facilité de cette conquête par l'excellente dis-
cipline qu'il faisait observer à ses troupes. On eût dit qu'il
prenait possession de l'une de ses provinces. Celles d'Utrecht,
d'Over-Yssel et de Gueldre étaient soumises. Amsterdam
n'avait presque plus pour défense que le désespoir de ses

habitants, et le souvenir des combats soutenus autrefois pour
la liberté.

Quelques historiens prétendent que Louis XIV, avec plus
d'audace et de célérité, eût pu prévenir le réveil de ce peuple;
mais des républiques, animées de l'esprit qui a présidé à leur
naissance, ne succombent pas ainsi d'un seul coup. On peut
présumer que ce prince eut un juste pressentiment du nouveau genre d'obstacle que susciterait contre lui le patriotisme
républicain. Sur le chemin d'Amsterdam, il quitta son armée
pour reprendre celui de la capitale : peut-être aussi voulait-il
être plus à portée de surveiller les mouvements politiques des
cabinets que la jalousie et l'inquiétude allaient armer contre
lui. L'ivresse des Français était au comble : elle éclata dans
un triomphe que Louis eut la faiblesse de se décerner à lui-
même. Les fêtes n'en avaient point encore cessé, quand on
apprit que la Hollande était sauvée de sa ruine; qu'une révolution avait éclaté à Amsterdam ; que le prince d'Orange,
âgé de vingt-deux ans, venait, dans le péril de la patrie, de
se créer une sorte de dictature ; qu'il avait excité les fureurs
de la populace contre le grand pensionnaire de Witt, contre
le frère de cet illustre républicain et quelques autres magistrats coupables à ses yeux du tort d'avoir voulu réprimer les
projets de son ambition, coupables aux yeux du peuple des
torts de la fortune ; que les cruautés commises sur leurs cadavres avaient été le prétexte d'un terrible engagement contre
les auteurs de cette révolution à la fois féroce et patriotique;
que les ordres du stathouder avaient fait percer des digues,
et environner d'une mer nouvelle Amsterdam, Leyde et leurs
environs; enfin qu'une victoire remportée par l'amiral Ruyter
sur les escadres combinées d'Angleterre et de France, avait
mis les côtes de la Hollande à l'abri de toute invasion. On
vit avec étonnement l'Empire et l'Espagne s'armer pour la
défense d'une république si longtemps ennemie de la mai-

son d'Autriche. Le roi d'Angleterre était désavoué dans ses entreprises par son parlement, par le cri de la nation. Le prince d'Orange remuait tout contre Louis XIV, et lui faisait expier l'injustice de son agression, le stérile éclat de ses victoires et l'orgueil indiscret de ses triomphes. Toute l'Europe insultait à la grandeur récente du nouveau conquérant; mais bientôt il la força d'admirer la grandeur véritable d'un roi.

L'armée française tint peu dans la Hollande : cependant, comme l'hiver avait glacé les inondations, le maréchal de Luxembourg lança sur cette mer de glace douze mille Français; ils avancèrent avec intrépidité; mais un dégel qui survint les obligea de repasser à la hâte sur une digue étroite et fangeuse; beaucoup y périrent : tous était perdus si le commandant d'un fort avait inquiété leur retraite. Ils l'achevèrent et la souillèrent par d'indignes cruautés.

Mais bientôt le roi changea le théâtre de ses opérations; et se portant sur la Franche-Comté, il soumit cette province, non pas tout à fait avec autant de rapidité que la première fois, mais avec plus de gloire. Rien ne put tenir devant le génie de Vauban et l'audace des troupes que Louis enflammait par sa présence, quelquefois par ses périls. Pendant ce temps, Turenne défendait l'Alsace avec vingt-quatre mille hommes, contre une armée de soixante-dix mille Impériaux. On ne vit jamais une campagne défensive conduite avec un savoir plus profond, avec plus d'éclat et de succès. Les troupes allemandes ne purent se prévaloir de leur immense supériorité. Le génie d'un seul homme semblait avoir triplé le nombre de ses soldats. L'armée victorieuse n'éprouvait que des pertes légères; et le soldat français aimait des marches pénibles et savantes dont il devinait le but avec une sagacité qu'il tenait de son général et de ses victoires. Malheureusement cette campagne, où l'art de la guerre obtenait son plus beau résultat, celui de sauver les frontières du royaume en ménageant le sang de ses défenseurs, fut souillée par l'incendie de deux villes et de vingt-cinq villages du Palatinat; rigueur barbare, indigne des temps modernes. Cette dévastation n'avait pas pour excuse la nécessité, puisqu'elle ne couvrait qu'un médiocre espace de terrain, et ne succédait point à un grand revers. Turenne sans doute obéissait à des ordres de Louvois; mais il devait être assez grand pour désobéir, même au risque d'une disgrâce. Dans la campagne suivante, les Impériaux opposèrent à Turenne un tacticien renommé, Montécuculli. L'habileté de leurs campements et leurs manœuvres balança l'admiration de l'Europe. On s'attendait à une action décisive, lorsqu'un coup de canon enleva Turenne au moment où il marquait la place pour une batterie. Louis ordonna que les restes du héros fussent déposés avec ceux des rois; pendant quinze ans il l'avait défendu contre la haine de Louvois.

La mort de ce grand homme de guerre était une cruelle épreuve pour la fortune du roi. Les événements accrurent encore de si justes regrets. Le maréchal de Créqui fut battu à Consarbrück, avec le reste de cette même armée que Turenne avait rendue si redoutable. Forcé de se retirer dans Trèves avec de faible débris, Créqui se préparait à une belle défense; mais une trahison livra la ville, le général et l'armée. Le prince de Condé venait de remporter, dans la Flandre, une victoire inutile et meurtrière. Louis le fit partir pour l'Alsace; et l'habile Montécuculli se vit arrêté dans ses progrès, et forcé de lever le siége de Haguenau. Peu de temps après, le maréchal de Créqui, racheté de sa prison, répara son imprudence et son malheur par une suite d'avantages obtenus sur les deux rives du Rhin, de concert avec le maréchal de Lorges.

Des succès plus brillants et plus utiles étaient réservés à Louis dans la Flandre. Aidé de Vauban, il prit en personne Condé, Bouchain, Cambrai, après des siéges mémorables qui laissaient les Français sans rivaux dans cet art. Quant à la prise de Valenciennes, exécutée également sous les yeux du roi, la bravoure française a peu de faits plus éclatants à citer. Après quelques jours de siége, on avait résolu d'attaquer le grand ouvrage à couronne; il est enlevé : les mousquetaires cèdent à leur ardeur, poursuivent les assiégés de retranchement en retranchement, arrivent avec eux aux portes de la ville, baissent le pont-levis, gagnent du terrain de maison en maison, reçoivent des renforts, et font capituler trois mille hommes qui défendent l'une des plus fortes places de l'Europe. Un peu après cet exploit, Monsieur, prince efféminé, timide à la cour, montra du courage dans les combats; il obtint, à Mont-Cassel, une victoire signalée sur le prince d'Orange. L'éclat en fut tel que le roi résolut de ne plus laisser à son frère une semblable occasion de gloire. En même temps les Espagnols se voyaient pressés par nos armées, jusque dans la Sicile. Pour que rien ne manquât à ce vaste développement de puissance, notre marine naissante, conduite par Duquesne, s'était mesurée avec avantage contre les flottes combinées des Anglais, des Hollandais et des Espagnols commandées par Ruyter. Notre pavillon dominait sur les mers; tandis que, sur le continent, Louis accablait ses ennemis par des succès dignes des plus grands capitaines et des plus grands peuples de l'antiquité. Il mit le comble à sa gloire en offrant la paix aux vaincus. Il rendit aux Hollandais l'importante place de Maëstricht; aux Espagnols, un grand nombre de villes dans les Pays-Bas, en se réservant Condé, Bouchain, Ypres, Valenciennes, Cambrai, Maubeuge, Saint-Omer, Cassel, Charlemont, et toute la Franche-Comté. De toutes ses conquêtes sur les Impériaux, il ne gardait que Fribourg. Il resta maître de la Lorraine, qui ne lui était point cédée, mais qu'il ne rendit pas. Telle fut la paix de Nimègue, signée le 10 août 1678. Ce fut alors que la France et l'Europe lui donnèrent à la fois le surnom de *Grand*.

Cette guerre n'avait point épuisé le trésor royal. Les bénéfices du commerce soutenu par une marine puissante, avaient beaucoup augmenté les richesses de la France. Magnifique pendant la guerre, Louis XIV le fut encore plus après la paix. Bientôt commencèrent les fastueuses constructions de Versailles, modeste château de Louis XIII, érigé dans l'une de ses façades en palais du soleil, et conservant dans l'autre sa simplicité peu élégante ; de Trianon, dont un caprice fit un palais des fées ; des aqueducs de Maintenon, des rouages hydrauliques de Marly, défis splendides portés à la nature par l'orgueil du monarque ; de ces parcs, de ces jardins renfermant mille stériles richesses dans des enclos démesurés (1). Ces dispendieuses merveilles, dont la vue frappe l'imagination la plus intrépide, ne détournaient ni Louis ni ses sujets de travaux vraiment utiles. Riquet avait achevé le canal des deux mers. La navigation intérieure tirait un nouveau secours du canal de Briare. Toutes les villes principales étaient enrichies de monuments dont l'énumération serait immense. Enfin, Louis XIV accomplit une généreuse idée en fondant le magnifique établissement des Invalides. Colbert gémissait des dépenses qui n'avaient pas l'utilité pour objet ; mais, timide dans ses remontrances, il était faiblement écouté ; l'ascendant de Louvois prévalut.

Ce ministre, qui s'attribuait le principal honneur d'une guerre si heureusement conduite et terminée, rendait la paix

---

(1) Nous aurons occasion de faire connaître dans un autre ouvrage au prix de quels sacrifices immmenses ces superbes constructions furent exécutées.

pleine de menaces et d'agressions contre divers états. Par ses conseils, le roi n'avait presque rien retranché de ses forces militaires ; tandis que les puissances vaincues, cédant à la nécessité, s'empressaient de licencier leurs troupes. Louis se vit ainsi dans une position fatale, celle où l'on croit pouvoir tout oser. Strasbourg, après la conquête de l'Alsace, avait conservé l'existence d'une ville libre impériale. L'or de la France suscitait depuis longtemps des troubles dans cette petite république. Les magistrats étaient inquiétés par des menaces séditieuses. La crainte, la vengeance et la cupidité les portèrent à livrer leur patrie. Bientôt on eut à se plaindre de quelques retards apportés par les Espagnols à l'exécution du dernier traité. On s'empara de la formidable place de Luxembourg, après un long blocus et un bombardement. Mais ce qui rendait cette conquête odieuse, c'est que l'empire, dont Louis XIV envahissait les possessions, était alors exposé à une nouvelle invasion des Turcs. L'empereur Léopold appelait à son secours tous les princes de la chrétienté. L'Autriche espagnole, que le roi venait d'accabler encore par la prise de Trèves, de Courtrai et de Dixmude, ne put envoyer de secours à l'Autriche allemande. Mais Sobieski, roi de Pologne, et le prince Charles de Lorraine, dépouillé de ses états, méritèrent toutes les louanges de l'Europe, en délivrant Vienne, et en repoussant les Turcs jusque sur leur frontière. Le monarque français fut arrêté par des scrupules tardifs. Il ne donna plus de suite à la facile invasion de la Flandre. La paix de Nimègue fut convertie en une trêve de vingt ans ; et Louis se fit payer d'une modération suspecte en gardant la possession de Luxembourg.

Lui-même, une année auparavant, s'était posé en vengeur de la chrétienté. Les puissances barbaresques ayant fait d'indignes outrages à son pavillon, le roi envoya contre ces pirates Duquesne, avec une flotte puissante. Alger, bombardé

deux fois, Tunis et Tripoli, qui craignirent le même sort, se
soumirent à toutes les réparations qu'exigea Louis XIV. Il
reprocha aux Génois d'avoir vendu quelques secours aux
Algériens. Pour punir ces républicains de cette avidité, il les
soumit au même châtiment qu'il venait d'infliger à des bar-
bares. Gênes fut foudroyée par les galères du roi de France.
Gênes témoigna son repentir par les plus humbles soumis-
sions; le doge et quatre principaux sénateurs vinrent à Versailles demander grâce pour la république. Cette excessive
fierté du roi lui nuisait encore plus que son ambition. Il
n'était ni assez insensé ni assez inhumain pour aspirer à la
monarchie universelle : néanmoins l'Europe le crut capable
d'un tel dessein, parce que son orgueil semblait arriver au
même point que s'il l'eût obtenue. L'ambassade qu'imagina
d'envoyer un usurpateur du trône de Siam à ce prince, qui
ne possédait qu'un comptoir dans les Indes, flatta la vanité
des Français, en amusant leur curiosité; mais les puissances
maritime, dont le pavillon dominait sur les mers, sourirent
d'une pompe si vaine, des projets chimériques qu'elle enfanta
et du mauvais succès d'une expédition chargée à la fois de
secourir le roi de Siam et de convertir le peuple indien.

Tandis que le roi, au sein d'une paix trop agitée, commet-
tait des fautes que deux ligues successives (et surtout la dernière) devaient lui faire cruellement expier, il couvrait nos
frontières et nos ports de ces admirables fortifications où
Vauban déploya toute l'étendue de son génie, et Louis toute
l'étendue de sa prévoyance royale. La triple enceinte des
places fortes élevées ou réparées sur la frontière du nord, et
qui se prolongeaient sur celle de l'est, semblait annoncer
que Louis XIV, en assurant ses conquêtes, consentait à s'imposer des limites; mais l'Europe ne crut pas à ce signe de
modération.

Cependant la mort de Colbert venait d'augmenter le cré-

dit de Louvois. Ce ministre obsédait Louis de projets des po-
tiques, et se rendait plus dangereux pour lui que n'eût pu
l'être tout un peuple de flatteurs. Le roi, quoique encore
éloigné de la vieillesse, commençait à montrer une régularité
sévère dans ses mœurs. Sa cour, plus splendide que jamais,
ne retraçait presque plus rien de la gaieté brillante des premières années de ce règne. On ne savait si l'on devait bénir
ou accuser madame de Maintenon d'une réforme trop austère. Le monarque ne se plaisait plus qu'auprès d'elle. Une
tendre amitié lui fit faire ce que jamais la passion n'eût
obtenu de lui : peu de temps après la mort de la reine, il
épousa madame de Maintenon. Son orgueil cependant ne put
admettre qu'un mariage clandestin, dont l'existence n'est pas
douteuse, bien que l'époque soit restée incertaine.

Mais Louis compromit toute la gloire de son règne et en
affaiblit les plus puissants ressorts, par la révocation de l'édit
de Nantes, ou plutôt par les violences qu'on exerça, en son
nom, dans l'exécution de cette mesure. Louvois haïssait dans
les protestants les protégés de Colbert : tandis que la France
jouissait du brillant essor de leur industrie, il leur faisait un
crime de leurs richesses, et ne tenait aucun compte de l'esprit de paix auquel ils avaient été amenés par le travail, encore plus que par le malheur. Le roi, dès le commencement
de son règne, s'était proposé de les exclure de tous les em-
plois. Cette précaution, secondée par le zèle de plusieurs prélats, avait déjà détaché de cette secte tous les nobles qui lui
avaient prêté autrefois un si redoutable appui. Que pouvait-
on craindre des protestants, lorsqu'ils perdaient, par cette
défection, toute ombre de puissance politique et militaire?
Louvois chercha tous les moyens de les irriter, afin de leur
arracher quelques murmures dont le roi fût offensé. Depuis
1670, il paraissait tous les ans quelque édit qui restreignait
la tolérance. Des soldats et surtout des dragons se répan-

dirent dans les provinces où le protestantisme était encore professé ; ils appuyaient par leurs armes les prédications des évêques, des curés, et les menaces des intendants. Les protestants, troublés perpétuellement dans leur asile, rançonnés et ne pouvant défendre leurs femmes et leurs filles de l'insolence soldatesque, cédaient pour la plupart à l'orage. On vit partout des conversions subites, et promptement rétractées. Par ces mesures, Louvois n'avait fait que préparer le coup le plus cruel et le plus aveugle du despotisme : Louis se résolut à le frapper (octobre 1685). Le culte de l'église réformée fut interdit dans toutes les provinces, excepté en Alsace, où il était protégé par une capitulation récente. Les ministres de cette religion reçurent l'ordre de sortir du royaume sous peine de mort : quinze mille familles protestantes qui les suivirent en exil, se vengèrent de leur ingrate patrie, ou plutôt de leur cruel gouvernement, en répandant en Allemagne, en Angleterre, en Hollande, les secrets les plus précieux de nos manufactures. La persécution n'en fut que plus impraticable contre ceux auxquels leurs misères interdisait ce douloureux exil ; le désespoir fit prendre les armes à de malheureux paysans des Cévennes, qui s'aguerrirent au point de pouvoir, vingt ans plus tard, se défendre avec quelque succès contre les armes de deux maréchaux de France. La plupart des évêques du royaume crurent devoir applaudir au résultat d'une mesure qu'aucun d'eux n'avait provoquée : les magistrats, les courtisans, et même les gens de lettres, célébrèrent l'exil de soixante mille Français (1).

Les protestants fugitifs allèrent partout réveiller contre Louis XIV des haines que l'éclat de sa gloire avait au moins

---

(1) L'auteur de cette *Histoire des Bourbons* possède un manuscrit précieux où sont analysées plus de trois mille pièces authentiques conservées aux Archives générales du royaume, et relatives à l'état des protestants en France depuis la révocation de l'édit de Nantes ; il le publiera en temps et lieu.

rendues muettes. Le prince d'Orange se flatta, pour cette fois, de diriger avec plus de succès une ligue qui, depuis la paix de Nimègue, lui reprochait ses pertes et ses humiliations. Les liens de cette ligue étaient déjà resserrés, lorsqu'une nouvelle révolution, excitée ou du moins secondée par lui-même en Angleterre, précipita du trône l'imprudent frère du prodigue Charles II. Louis XIV n'eut que trop à se reprocher les malheurs de Jacques II, dont il n'avait cessé d'exciter les volontés despotiques, qui ne firent que révolter les esprits tout disposés à éclater, quand le prince d'Orange, gendre de Jacques II, entreprit son expédition. A peine sa flotte fut-elle signalée sur les côtes d'Angleterre, que la conspiration se déclara. Le roi Jacques ne put tenter la fortune d'un combat : trahi par les siens jusque dans sa fuite, il fut ramené à Londres. Mais Guillaume craignit de joindre au nom d'usurpateur, un nom plus odieux encore ; il fut permis à Jacques II de se rendre avec sa famille à la cour de France. Le roi vint au-devant des illustres fugitifs, leur tint le langage le plus touchant, voulut que Jacques II jouît à Saint-Germain de tous les honneurs que, dans des jours prospères, il eût pu recevoir dans ses propres états ; il lui donna une partie de ses gardes et pourvut à ses dépenses par une pension de huit cent mille francs. Il ne se bornait pas à ces soins : un armement formidable était destiné à faire remonter Jacques II sur le trône ; c'était à qui briguerait l'honneur de monter sur les vaisseaux chargés d'une si honorable mission. Les Français avaient été révoltés de l'action impie de Guillaume et de son épouse.

Louis, quoiqu'il eût commis la plupart des fautes auxquelles on doit imputer les malheurs du déclin de son règne, était encore aimé. La douleur avait été presque universelle dans le royaume, lorsque dans l'année 1686, on apprit que sa santé était altérée, et qu'il avait subi l'opération,

dangereuse alors, de la fistule. Dès qu'on fut assuré de sa gué-
rison, les églises et toutes les assemblées publiques retentirent
d'actions de grâces qui étaient répétées même dans l'intérieur des familles. On ne fut saisi d'aucune épouvante lorsque
l'on vit dans, dans l'année 1688, l'Espagne, le duc de Savoie,
plusieurs autres princes d'Italie, l'Angleterre, la Hollande,
l'Autriche, la plupart des princes et villes de l'Allemagne, enfin
jusqu'au roi de Suède, déclarer la guerre à la France. L'esprit
militaire de la cour entraînait encore la nation; la grandeur du
monarque semblait augmenter par le nombre de ses ennemis :
il était encore aidé par Louvois, mais non plus par ce Colbert
qui avait trouvé le secret de rendre la France florissante, au milieu de guerres vives et prolongées. Des flottes et cinq armées
de terre, tout fut prêt à la fois, tout s'émut avec de brillantes
espérances de victoire. Le début de la campagne maritime sur-
passa tous les exploits par lesquels nos forces navales s'étaient
annoncées : nos vaisseaux portèrent Jacques II sur les côtes de
l'Irlande, où il débarqua, secondé par un parti assez puissant,
et lui firent parvenir successivement divers renforts. Les
flottes anglaise et hollandaise se présentèrent enfin ; Tourville et d'Estrées vinrent à leur rencontre avec soixante-douze
grands vaisseaux et remportèrent une victoire complète : dix-
sept vaisseaux ennemis furent détruits ou démâtés. Pendant
ce temps une armée française, conduite par le dauphin, faisait en Allemagne de rapides conquêtes; le siége de Philisbourg, dirigé par Vauban, avait rappelé les siéges de Lille et
de Valenciennes. Manheim, Spire, Worms, et plusieurs
autres villes du Palatinat, avaient ouvert leurs portes ; mais
le Palatinat devait être le théâtre d'une seconde barbarie de
Louvois. L'électeur palatin n'était entré qu'à regret dans la
ligue d'Augsbourg; son peuple n'avait pris aucune part aux
opérations militaires. On était au cœur de l'hiver; et voilà
que Louis signe l'ordre d'incendier l'un des pays les plus

florissants de l'Europe : Manheim, Heidelberg, d'autres petites villes, et plus de cinquante villages, furent la proie des
flammes. Louis XIV, par l'horreur qu'excita cette exécution,
donna un lien de plus à la ligue formée contre lui.

De nouveau généraux, élèves de Turenne et de Condé,
parurent sur la scène : mais la France fut cette fois accablée
d'un luxe de victoires stériles. Catinat était, de tous ces généraux, celui qui rappelait le plus le génie, la prudence et la
modestie de Turenne; le roi lui avait confié le soin de la
guerre d'Italie. Les Français trouvèrent sur ce point un
prince habile à la guerre et versé dans les secrets d'une politique astucieuse : c'était Victor-Amédée, duc de Savoie. Catinat triompha de tous les efforts de ce prince, le battit dans
les deux journées de Staffarde et de Marsaille; mais tandis
qu'il pénétrait dans le Piémont, Victor-Amédée se jeta sur le
Dauphiné : cette diversion arrêta les progrès de Catinat. Le
maréchal de Noailles ne se bornait point à une guerre défensive sur la frontière des Pyrénées : après avoir vaincu les
Espagnols à Outer, il prit Gironne. Mais son armée était
trop faible pour s'engager dans de nouvelles conquêtes ; les
regards se portaient principalement sur la guerre des Pays-
Bas, où le maréchal de Luxembourg avait en tête le roi Guillaume.

Ce dernier venait de se mesurer contre son beau-père, dans
les plaines de l'Irlande, avait remporté sur lui la victoire décisive de la Boyne, et pour la seconde fois l'avait forcé à la
fuite. Jacques II, de retour en France, y trouva les mêmes
égards que s'il y fût revenu victorieux et vengé. Louis XIV
n'avait point encore renoncé à l'espoir de faire rentrer les
Anglais sous le sceptre de ce prince : la funeste bataille de la
Hogue fut le résultat de cette obstination. Tourville et d'Estrées furent séparés dans leurs opérations, soit par la fortune,
soit par quelque secrète mésintelligence. L'amiral Russel,

qui commandait les flottes anglaise et hollandaise, brûla quatorze de nos vaisseaux, et mit en fuite tout le reste. La fortune sembla d'abord abandonner Guillaume dans les combats qu'il soutint contre les Français, pour la défense des Pays-Bas; mais il sut tout réparer par sa constance.

Déjà, dans les campagnes précédentes, on avait remarqué les talents du maréchal de Luxembourg; mais, pendant la paix, il avait conspiré lui-même contre sa gloire par d'indignes liaisons et de déplorables faiblesses. On l'avait vu compromis dans des poursuites qui furent dirigées contre une devineresse nommée la Voisin, qu'on accusait de plusieurs crimes. Sur le bruit des accusations portées contre lui, il vint se présenter au roi et demander que la Bastille lui fût ouverte. Le roi l'y laissa languir quelque temps; mais enfin il sauva un des héros de l'armée française de l'ignominie d'être associé avec de vils malfaiteurs. Luxembourg sentait vivement le besoin de se faire une gloire nouvelle. On ne vit jamais les troupes françaises conduites avec plus d'ardeur; mais à peine cinq ou six villes furent-elles le prix des victoires tant célébrées de Fleurus, de Leuse, de Steinkerque et de Nerwinde : elles excitèrent l'enthousiasme des Français, et ne prolongèrent que trop leur passion et celle de leur roi pour la guerre. A chacune de ces batailles, Guillaume pu se retirer en bon ordre; et les Français étaient trop affaiblis par leurs victoires pour oser le poursuivre. Il n'y en eut point de plus disputée et de plus meurtrière que celle de Steinkerque. Cinq princes français y firent des prodiges de valeur. C'étaient Philippe, duc d'Orléans, depuis régent de France; Louis, duc de Bourbon, petit-fils du grand Condé; le prince de Conti, le plus brillant et le plus spirituel de tous ces jeunes guerriers; c'étaient enfin deux petits-fils de Henri IV, le duc de Vendôme et son frère, le grand-prieur. On ne suffirait pas à nombrer les beaux faits d'armes de ces princes, et surtout ceux des maréchaux de Luxembourg et de Boufflers. L'ordre royal de Saint-Louis, institué en 1693, fut la récompense de la valeur. Les églises se tapissaient de drapeaux; mais les armées de Guillaume n'avaient presque point changé de position. Louis XIV n'avait pas pris à cette guerre une part aussi active que dans les campagnes précédentes. Louvois avait arrangé, pour l'orgueil du roi, le siége de Namur. On réussit à prendre cette forteresse à la vue d'une armée ennemie; mais l'année suivante, Guillaume vint à bout de la reprendre, quoiqu'elle eût reçu des fortifications de Vauban. Cependant Louis, malgré des succès si peu décisifs, n'avait fait la guerre que sur le terrain ennemi. Il occupait encore beaucoup de places et de forteresses, quand la fatigue des Français, la misère qui faisait d'affreux progrès dans le royaume, l'épuisement des finances, et le poids d'une dette horriblement accrue, le décidèrent à signer la première paix qui n'ajouta rien à ses possessions (1697). On rendit à l'Espagne, Mons, Ath, Courtrai; à l'Empire, Fribourg, Brisach, Kehl, Philisbourg : précédemment, on avait rendu au duc de Savoie les villes conquises sur lui, pour le détacher de la coalition. Tout le but de la plus puissante ligue que l'Europe eût vue jusque-là se trouvait manqué.

Du reste la puissance de Louis n'avait souffert aucun échec. La gloire du nom français était encore accrue par un grand nombre de victoires; mais la France et l'Europe purent à peine respirer pendant près de trois années. Durant les négociations de la paix de Ryswick, les puissances alliées ne s'étaient point fait scrupule de régler le partage des états d'un prince encore vivant et même encore jeune, de Charles II, roi d'Espagne. Ce prince dépérissait lentement, et ne laissait aucun héritier dans la branche espagnole de la maison d'Autriche. Le roi d'Angleterre, Guillaume, avait proposé un partage favorable à chacun des alliés, et surtout à la branche allemande d'Autriche, qui était appelée au trône de l'Espagne et des Indes occidentales. On consentit, dans le cours des négociations, à laisser Naples et la Sicile au fils de Louis XIV. Celui-ci semblait content de son partage ; il reprit cette négociation avec ardeur après la paix. Mais l'empereur, qui espérait pour l'archiduc son fils toute l'étendue de la succession, refusa de signer. Charles II mourut le 1er novembre 1700. L'Europe fut étonnée et alarmée en apprenant que ce roi, qui venait de soutenir deux guerres très-vives contre la France, abandonnait, par son testament, la totalité de ses états au duc d'Anjou, second fils du dauphin. Le détail des intrigues qui amenèrent ce testament nous conduirait trop loin.

Un si prodigieux coup de fortune étourdit Louis XIV, et ranima tout son orgueil. Par la mort de Louvois, ce monarque s'était vu délivré d'un cruel instigateur de guerre. Ce ministre, qui avait travaillé avec un art si funeste à se rendre indispensable, s'était enfin rendu odieux au roi. Dans le cours de la guerre précédente, il avait osé lui proposer de renouveler dans le pays de Trèves l'exemple des deux incendies du Palatinat. Louis, dont la conscience était sans doute tourmentée par ce souvenir, se leva furieux, et fut près de se livrer à la dernière violence contre son ministre. Louvois tomba malade pendant un conseil où le roi lui avait adressé de sévères reproches et mourut dans la nuit même. Louis XIV apprit sa mort, non avec les signes d'une profonde indifférence. La France, malgré toutes les pompes de Versailles, était encore languissante, exténuée, à la suite des efforts qu'elle venait de soutenir contre toute l'Europe. La funeste passion des succès militaires dominait beaucoup moins à la cour. Un prélat, modèle de vertu, de génie et de piété tendre, attaquait, en chrétien autant qu'en homme d'état, la frénésie militaire : c'était Fénélon, archevêque de Cambrai, et précepteur du duc de Bourgogne. Par l'infidélité d'un de ses domestiques, le *Télémaque* avait paru ; et Fénélon expiait, par un exil dans son diocèse, et par une éternelle séparation d'avec son royal élève, la composition de ce beau livre, où Louis XIV crut voir une satire de son gouvernement. Le duc de Bourgogne se montrait attaché aux principes de la politique toute morale de son instituteur. Les ducs de Chevreuse et de Beauvilliers, le maréchal de Catinat, quoique heureux à la guerre, et quelques magistrats éclairés, inclinèrent fortement pour la paix, et proposèrent de renoncer au testament de Charles II, pour s'en tenir au traité de partage déjà consenti par le roi. Louis avait soixante-deux ans, et pouvait difficilement supporter les fatigues de la guerre. Madame de Maintenon, dans ses sollicitudes pour la santé du monarque, ne devait lui donner et ne lui donna sans doute que des conseils de paix. De toutes les fautes de Louis XIV, celle qui lui fut le plus entièrement personnelle, celle dont la France et lui-même portèrent le plus cruellement la peine, ce fut d'avoir repoussé tant de sages conseils, et de s'être exposé encore une fois aux chances de la fortune. Il accepta le testament de Charles II.

L'Europe frémit et s'arma. Louis parvint cette fois à s'assurer deux alliés, les électeurs de Bavière et de Cologne. Il comptait également sur le duc de Savoie, qui, un peu avant la paix de Ryswick, avait marié l'une de ses filles au duc de Bourgogne, et qui scella bientôt un nouveau lien avec la France, par l'union de sa seconde fille avec ce même duc d'Anjou, appelé au trône d'Espagne. Mais le duc de Savoie fut un des premiers à entrer dans la ligue opposée, en calculant d'avance les avantages que la cour de France lui ferait pour l'en détacher. De toutes les possessions de Charles II, il n'y eut que l'Espagne où les Français furent reçus avec quelque faveur. Dans la plupart des provinces de ce royaume, la noblesse et le clergé s'étaient déclarés pour le petit-fils de Louis XIV. Le nouveau roi, Philippe V, dut sans doute cet avantage aux instructions écrites que lui donna son aïeul. Elles nous ont été conservées, et l'on peut y voir la profondeur de sa politique. Le style est plein de noblesse et de fermeté. Louis en avait su renfermer tout le fonds dans une belle parole : « Partez, mon fils, il n'y a plus de Pyrénées. » La Catalogne, jalouse de recouvrer des priviléges depuis longtemps envahis par l'autorité despotique des rois d'Espagne, annonçait seule un mouvement contraire aux vues de Louis XIV et aux intérêts de son petit-fils : mouvement redoutable, puisqu'il avait la liberté pour mobile. L'Italie se souvenait trop de nos anciens combats pour recevoir les Français sans défiance. Durant trois années, les événements militaires parurent encore assez dignes de l'ancienne gloire de Louis XIV. A la vérité, le maréchal de Villeroi se laissa surprendre et faire prisonnier dans Crémone : mais les Français indignés repoussèrent l'ennemi et restèrent maître de la place, sans pouvoir délivrer leur général. Louis dut certainement regarder comme le plus heureux présage pour cette guerre, la mort de Guillaume, roi d'Angleterre et stathouder de Hollande.

Mais la fortune lui suscitait deux ennemis plus dangereux encore ; c'étaient le prince Eugène et Marlborough. Le premier était, par sa mère, petit-neveu du cardinal Mazarin. Déjà il s'était distingué dans les guerres de l'Autriche contre les Turcs ; il s'annonça en Italie par le savant passage de l'Oglio et la victoire de Chiari. Le duc de Vendôme ne se montra point indigne d'un tel adversaire. Pendant deux années ils se firent une guerre savante et peu décisive. Marlborough haïssait plus encore la France. Courtisan de Jacques II, il avait abandonné ce prince dans son malheur, et s'était rangé parmi ses ennemis. Il sentait le besoin de couvrir le tort de cette défection par une grande démonstration de zèle pour la liberté et surtout pour la gloire. On le voyait à la fois diriger par ses intrigues les deux chambres du parlement d'Angleterre, la cour aimable et polie de la reine Anne, et les cabinets de l'Europe. Bientôt il sut conduire des armées, et suppléer, par sa bravoure, par son impétuosité et la vivacité de son coup d'œil, à l'étude profonde de l'art militaire. Les Français venaient de célébrer les victoires de Friedlingen et d'Hochstett, dues au maréchal de Villars, et celle de Spire, due au maréchal de Tallard. De la Bavière qui leur était ouverte, ils étaient prêts à s'élancer sur l'Autriche, lorsque Eugène et Marlborough vinrent se concerter pour la défense de l'empereur. Les Français n'étaient plus commandés par Villars, et se trouvaient dans la même ville d'Hochstett que ce général avait illustrée par une victoire. Ils combattaient avec les Bavarois ; mais l'armée de Marlborough et d'Eugène parvint à les séparer de leurs auxiliaires. Tallard ne sut se défendre qu'avec un aveugle courage. Tourné dans toutes ses positions, il est fait prisonnier ; vingt-deux de ses bataillons ont posé les armes ; le champ de bataille est couvert de douze mille Français. L'électeur de Bavière fuit en désordre; ses états sont envahis, mis au pillage : les Français sont chassés et poursuivis jusque dans l'Alsace.

La fortune de Louis XIV n'avait encore été traversée que par de légers échecs promptement réparés. Il ne parut point abattu de ce grand désastre; mais l'âge, sans avoir affaibli la vigueur de son caractère, ne lui laissait plus son ancienne activité. Du fond de Versailles, et de concert avec quelques vieux généraux, quelquefois même avec des commis, il traçait des plans de campagne, et se flattait de pouvoir diriger à la fois des opérations sur le Tage, sur le Pô, sur le Danube et sur la Meuse. Tout le système militaire auquel il avait dû l'éclat de ses armes était rompu, parce que les Français agissaient trop loin de leurs magasins. Louis occupait le maréchal de Villars à combattre des paysans dans les Cévennes, tandis qu'il confiait une nouvelle armée à Villeroy, dont le nom, depuis la surprise de Crémone, était devenu un objet de dérision pour l'armée; aussi les Pays-Bas échappèrent-ils bientôt à ce monarque. Villeroy y perdit la bataille de Ramillies, journée plus sanglante, plus honteuse et plus décisive que celle d'Hochstett. Louis XIV avait à se reprocher un choix imprudent; il le sentit, et il eut la noblesse d'âme de ne point faire de reproches à Villeroy : « Monsieur le maréchal, lui dit-il, on n'est pas heureux à notre âge. » On éprouva encore dans les Pays-Bas un échec à Oudenardé, quoique le duc de Vendôme y commandât, et que le duc de Bourgogne y fût présent. Enhardi par ses succès, le prince Eugène mit le siége devant Lille qui, après dix mois de la plus héroïque défense, ne se rendit que par l'épuisement des vivres et des munitions. Vers le même temps nous perdions l'Italie. Le prince Eugène força les Français dans les lignes qu'ils occupaient devant Turin (1708), et il osa faire des incursions dans la Provence et le Dauphiné. En Espagne, on avait aussi essuyé des revers; Philippe V avait été forcé de fuir de Madrid, à l'approche de l'archiduc, secondé par les Catalans. Mais le maréchal de Berwick était parvenu à y ramener le roi, en gagnant la bataille d'Almanza.

Le désordre des finances était au comble. Louis ajoutait encore au chagrin de sa vieillesse, aux ennuis de sa cour, l'accablant ennui des controverses religieuses. Enfin la nature semblait aussi se déchaîner contre la France : une seule nuit de l'hiver de 1709 fit périr les oliviers, les vignes, beaucoup d'arbres fruitiers; et, pour comble de désastre, une grande partie des blés fut gelée. Louis vit la misère de son peuple, et demanda la paix, résigné à subir des conditions rigoureuses; mais on se fit un plaisir de lui en présenter d'avilis-

santes; on alla jusqu'à exiger qu'il envoyât une armée en
Espagne pour détrôner son petit-fils. « Puisqu'on veut, reprit Louis XIV, que je continue la guerre, j'aime mieux la
faire à mes ennemis qu'à mes enfants. » La France oublia ses
propres malheurs pour compatir à ceux de son roi. Les défaites des armées françaises furent réparées. La famine
elle-même faisait accourir sous les drapeaux des milliers
d'hommes; la bataille de Malplaquet annonçait à l'Europe
ce que pouvait être le désespoir des Français; les maréchaux
de Villars et de Boufflers parurent près des murs de Mons
contre Eugène et Marlborough; ils furent repoussés, mais
les ennemis durent désespérer de la conquête de la France.
Cette victoire leur avait coûté vingt mille hommes tués ou
blessés : la perte des Français n'avait été que de huit mille ;
sans la blessure du maréchal de Villars, ils étaient triomphants : Boufflers avait conduit la retraite en bon ordre. Louis
ne s'occupa plus qu'à négocier avec ses ennemis séparément;
toutes les mesures furent prises avec vigueur. Les flottes
françaises osèrent s'approcher encore une fois des côtes de
l'Angleterre. Deux intrépides armateurs, Duguay-Trouin et
Jean-Bart, désolèrent le commerce de l'Angleterre, de la
Hollande, de l'Espagne et du Portugal; la prise de Rio-
Janeiro, capitale du Brésil, immortalisa Duguay-Trouin et
réveilla le goût des brillantes aventures. Le duc de Vendôme
fut envoyé en Espagne, au moment où les Français venaient
d'être battus devant Saragosse ; avec les débris d'une armée
fugitive, il obtint bientôt la victoire de Villa-Viciosa, et établit
les Bourbons sur le trône d'Espagne.

L'année 1711 s'annonça dans la Flandre sous de tristes
auspices. Le prince Eugène s'empara de Bouchain, du
Quesnoi, de Douai, et poussa des partis jusque dans la Champagne; ce fut alors que Louis XIV proféra ces belles paroles : « Si je ne puis obtenir une paix équitable, je me met-

trai à la tête de ma brave noblesse et j'irai m'ensevelir sous les débris de mon trône. » Villars trouva d'autres ressources que celles du désespoir. Cet habile guerrier, qu'on opposait enfin au prince Eugène, feignit l'inaction. Pendant ce temps, la politique de Louis XIV agissait ; il était parvenu à détacher la reine Anne de la ligue et avait signé avec elle une suspension d'armes en lui laissant Dunkerque pour gage. Eugène, qui s'occupait du siége de Landrecies, avait mal établi les communications entre les quartiers de son armée : Villars sut profiter de cette faute, et le seul combat de Denain répara l'effet de six grandes batailles perdues. L'armée hollandaise y fut entièrement détruite ; Landrecies fut délivrée ; Douai, le Quesnoi furent repris en peu de temps ; dès lors la Hollande cessa de mettre obstacle à la paix, que voulait l'Angleterre. Les conférences s'ouvrirent à Utrecht ; les négociateurs français, parmi lesquels il faut distinguer Torcy, firent des prodiges d'habileté ; l'Angleterre et l'Europe consentirent à laisser le petit-fils de Louis XIV sur le trône d'Espagne. L'empereur se refusait encore à traiter sur une telle base ; Villars, pour l'y décider, vint à la rencontre du prince Eugène sur un autre champ de bataille, força ses lignes devant Fribourg, et fit sous ses yeux de rapides conquêtes en Allemagne : l'empereur craignit de laisser écouler le temps où il pouvait encore recueillir quelques fruits de ses précédentes victoires. Eugène et Villars passèrent alors du rôle de généraux à celui de négociateurs. Louis XIV, par la paix d'Utrecht (1713), n'eut aucun sacrifice important à faire, si ce n'est la démolition du port de Dunkerque ; Lille rentra sous la domination française. Les alliés s'indemnisèrent par le partage des diverses possessions excentriques de l'Espagne.

Louis XIV avait déployé une véritable grandeur dans ses adversités ; qu'on examine toute sa conduite depuis 1709, on

y verra toutes les ressources d'un grand et profond caractère : l'art avec lequel il sépara ses ennemis triomphants doit
être considéré comme le chef-d'œuvre de la politique. Mais
ce roi, qui était ainsi parvenu à dompter la fortune, était
alors le plus malheureux des pères. Trois générations sorties de son sang avaient disparu dans l'espace de quelques
mois ; le dauphin, élève de Bossuet et de Montausier, mourut
en 1711 à l'âge de cinquante ans ; quoiqu'il fût certain que la
petite vérole avait causé la mort de ce jeune prince, il y eut
quelque rumeur d'empoisonnement, et l'on affecta de diriger
des soupçons sur le duc d'Orléans, neveu du roi.

Au mois de février 1712, un mal qui avait tous les effets
d'une épidémie, et que l'on nommait rougeole pourprée,
frappa et enleva plus de cinq cents personnes ; la duchesse de
Bourgogne en fut atteinte : cette princesse avait seule le privilége d'égayer et d'embellir une cour attristée par l'âge et
par les malheurs du monarque. Louis XIV et madame de
Maintenon en avaient fait leur fille chérie. Les progrès du mal
furent rapides ; le duc de Bourgogne, qu'on nommait alors
le dauphin, rendait à la duchesse les plus tendres soins, et
déjà il portait sur son visage les symptômes de cette cruelle
maladie ; la dauphine expira le 12 février. Le roi s'était
retiré avec madame de Maintenon à Marly, pour alléger,
par des méditations religieuses, le poids de son affliction. Le
dauphin eut la force de venir se présenter devant son aïeul ;
mais il le glaça d'effroi par l'expression concentrée de sa douleur, et par les signes trop caractérisés d'une maladie pro-
chaine. Le roi lui parla avec la plus vive émotion ; il n'était
personne qui pût contenir ses larmes. Le prince que Fénélon
avait si bien formé mourut le 18 février ; l'aîné de ses deux
fils, le duc de Bretagne, ne lui survécut que deux jours ; le
second, le duc d'Anjou (depuis Louis XV), était dangereusement malade. Une même cérémonie funèbre réunit l'époux,

l'épouse et leur fils. A la vue de ce déplorable spectacle, le peuple fut éperdu dans sa douleur, et injuste dans ses soupçons d'un infâme empoisonnement; le duc d'Orléans entendit, de son palais, les cris publics qui le nommaient empoisonneur; la cour l'accusait avec moins d'animosité et plus de perfidie. Toutes ces rumeurs sinistres semblaient autorisées par la déclaration des médecins, qui, à l'ouverture des trois cadavres, avaient cru reconnaître les effets du poison. Le roi fut ébranlé; mais il eut la force de résister à ses propres préventions contre son neveu. Le duc d'Orléans, désespéré, vint demander au roi que la Bastille lui fût ouverte. Louis craignit un éclat qui pouvait ajouter beaucoup aux malheurs de la France. Le chimiste Homberg, que l'on accusait d'avoir fourni les poisons employés par le duc d'Orléans, demandait vivement de prouver son innocence par une instruction juridique. Le roi avait paru d'abord consentir à l'offre généreuse du savant calomnié; mais lorsque celui-ci vint se présenter à la Bastille, elle lui fut fermée. Depuis, Louis XIV ne se permit jamais un mot, un geste qui pût autoriser ou réveiller les injustes soupçons élevés contre le duc d'Orléans. Il lui restait encore une nouvelle perte, un nouveau coup à supporter. Les fêtes par lesquelles on célébrait la paix n'étaient pas terminés, lorsqu'on apprit la mort subite du duc de Berri, troisième petit-fils du roi. Louis, par sa conduite envers la duchesse de Berri et envers le duc d'Orléans, ferma, autant qu'il put, l'accès à de nouvelles accusations.

Le roi ne goûtait point les douceurs de la paix. La plaie faite à ses finances par les deux guerres terminées l'une à Ryswick et l'autre à Utrecht semblait incurable. Le poids des impôts était excessif; et, malgré tous les soins du contrôleur-général Desmarets, il fallait encore subir la loi des traitants. La destruction de Port-Royal, en 1709, avait excité les plaintes légitimes des nombreux amis de ces pieux solitaires. L'affaire de la bulle *Unigenitus* échauffa encore davantage les esprits : on attribua la conduite du roi, dans ces deux circonstances, aux conseils de son confesseur. Le parlement et quelques évêques osaient, pour la première fois, résister aux volontés de Louis XIV. Son âge et ses derniers revers encourageaient une opposition qui entrevoyait un esprit bien différent sous un régent dont les opinions étaient connues. Les jeunes gens se lassaient d'une cour qui n'était plus égayée par les illusions de la gloire et par l'éclat des fêtes. Le roi, plus renfermé dans son intérieur, n'en imposait plus autant à un peuple accoutumé à tant de prospérités. Lui-même il semblait démentir la rigidité nouvelle de ses principes par les honneurs excessifs dont il comblait les princes légitimés, c'est-à-dire le duc du Maine et le comte de Toulouse, nés d'un double adultère. Ces deux princes, par des qualités plus aimables que brillantes, méritaient l'affection de leur père; mais la morale, la religion et le droit public des Français furent enfreints par la déclaration du 25 mai 1705, qui les appelait à la couronne, au défaut de princes du sang. Le peuple souffrait beaucoup de la fin de ce long règne, dont les prospérités l'avaient ébloui pendant plus de quarante années.

Le 25 août 1715, jour de la Saint-Louis, le roi, au milieu des hommages qu'il recevait, se sentit gravement indisposé. Le 26, en visitant une plaie que ce prince avait à la jambe, le chirurgien Maréchal découvrit la gangrène; son émotion frappa le monarque. « Soyez franc, dit-il à Maréchal; combien de jours ai-je encore à vivre? — Sire, répondit Maréchal, nous pouvons espérer jusqu'à mercredi. — Voilà donc mon arrêt prononcé pour mercredi, » reprit Louis sans témoigner la moindre émotion. Il s'entretint avec le duc d'Orléans, qui allait être appelé à présider le conseil de régence. Le lendemain il se fit amener le duc d'Anjou, son

arrière-petit-fils, âgé de cinq ans, et lui adressa ces paroles :
« Mon enfant, lui dit-il. vous allez être un grand roi. Ne
m'imitez pas dans le goût que j'ai eu pour la guerre. Tâchez
d'avoir la paix avec vos voisins. Rendez à Dieu ce que vous
lui devez; faites-le honorer par vos sujets. Suivez toujours
les bons conseils. Tâchez de soulager vos peuples, ce que je
suis assez malheureux de n'avoir pu faire. N'oubliez jamais
la reconnaissance que vous devez à madame de Ventadour.
Et se tournant vers elle : Je ne puis assez vous témoigner la
mienne... Mon enfant, je vous donne ma bénédiction de tout
mon cœur... Madame, que je l'embrasse. » On approcha de
ses bras cet enfant qui fondait en larmes, et il lui donna de
nouveau sa bénédiction.

Dans la même journée, Louis XIV s'adressa en ces termes
à tous ses officiers rassemblés autour de lui : « Messieurs,
vous m'avez fidèlement servi. Je suis fâché de ne vous avoir
pas mieux récompensés que je n'ai fait ; les derniers temps
ne me l'ont pas permis. Je vous quitte avec regret. Servez
le dauphin avec la même affection que vous m'avez servi.
C'est un enfant de cinq ans, qui peut essuyer bien des tra-
verses; car je me souviens d'en avoir beaucoup essuyé dans
mon jeune âge Je m'en vais ; mais l'état demeurera toujours;
soyez-y fidèlement attachés, et que votre exemple en soit un
pour mes autres sujets. Suivez les ordres que mon neveu vous
donnera ; il va gouverner le royaume : j'espère qu'il le fera
bien. J'espère aussi que vous ferez votre devoir, et que vous
vous souviendrez quelquefois de moi. » Peu d'heures après,
Louis ayant témoigné qu'il avait besoin de repos, la cour
devint à peu près un désert : madame de Maintenon, loin
d'abandonner le roi, comme le lui reproche Saint-Simon,
passa cinq jours dans la ruelle du lit royal, presque toujours
en prières. Il eut avec elle un entretien touchant, où il lui
répéta plusieurs fois : « Qu'allez-vous devenir? Vous n'avez

rien. » Elle ne partit pour Saint-Cyr, le vendredi 30 août, à
cinq heures du soir, que lorsqu'il eut tout à fait perdu connaissance. « Pourquoi pleurez-vous? disait-il à ses domestiques; m'avez-vous cru immortel? » Il nomma le dauphin
le jeune roi; il lui échappa de dire : « Quand j'étais roi. » Il
mourut à Versailles, le 1er septembre 1715, âgé de 77 ans;
il en avait régné 72. Ce monarque suppléa par un grand caractère aux dons d'un grand génie; tout ce qu'il conçut, tout
ce qu'il exécuta de plus heureux, de plus habile, pendant les
années triomphantes de son règne, fut un développement et
une amélioration des plans et des actes du cardinal de Richelieu. Celui-ci, inquiet sur son autorité précaire et en quelque
sorte usurpée, fut souvent sanguinaire : Louis XIV fonda
bien moins sur la terreur que sur l'admiration l'autorité absolue dont il avait reçu l'héritage; mais, par l'inévitable
danger d'un pouvoir sans limites, il fut souvent dur; les pré-
jugés de son siècle le rendirent quelquefois injuste. Il ajouta
mille séductions à l'art de régner et en écarta les froides
scélératesses du machiavélisme.

ENFANTS ET PETITS-ENFANTS LÉGITIMES DE LOUIS XIV.

1° Louis, dauphin, appelé *Monseigneur* ou *le Grand Dauphin*, fils de
Louis XIV et de Marie-Thérèse d'Autriche, naquit à Fontainebleau le
1er novembre 1661; il eut le duc de Montausier pour gouverneur et
Bossuet pour précepteur. C'est à ce prince que l'évêque de Meaux
adressa son *Discours sur l'histoire universelle*, et ce fut pour son instruction que l'illustre prélat composa cet ouvrage. Son élève n'était cependant guère capable de l'apprécier, si l'on en croit le témoignage des
contemporains, qui s'accordent à le représenter comme insouciant et
inappliqué. Ce fut néanmoins encore pour son éducation que l'on entreprit la belle collection des auteurs latins appelée *ad usum Delphini*. Il
n'en fit aucun usage; et madame de Caylus dit que tous les efforts de
ses maîtres pour les lui faire lire n'eurent d'autre résultat que de lui

inspirer un tel dégoût des livres qu'il prit la résolution de n'en jamais ouvrir un seul quand il serait son maître. « Faites-vous des thèmes? » disait-il un jour, étant encore enfant, à une dame très-malheureuse qui lui exposait ses souffrances. — Non, monseigneur, lui répondit-elle. — Eh bien, répliqua le prince, vous n'avez qu'une idée imparfaite du malheur. » Il épousa Marie-Christine de Bavière, dont il eut trois fils: le duc de Bourgogne, qui lui succéda dans le titre de dauphin; le duc d'Anjou, qui devint roi d'Espagne, et Charles, duc de Berri. Le dauphin assista, en 1674, au siége de Dole que le roi faisait en personne; et, en 1684, il suivit encore le monarque au siége de Luxembourg. En 1688, Louis XIV le mit à la tête de son armée du Rhin, sous la direction de Vauban; et le dauphin s'empara de Philisbourg, de Manheim et de tout le Palatinat. En 1690, il commanda l'armée du Rhin, passa ce fleuve devant le fort Louis, le 17 août, et tint longtemps en échec les armées de Saxe et de Bavière réunies. L'année suivante, il accompagna le roi au siége de Mons, à celui de Namur; et, en 1694, il commanda l'armée de Flandre, où il fit échouer, par une marche habile, les projets que l'ennemi avait formés sur Dunkerque. Après ces expéditions, où il avait montré de l'activité et quelque intelligence pour la guerre, le prince se retira à Meudon; et ce fut dans cette retraite que, loin des regards sévères de Louis XIV, il put se livrer à ses goûts pour la chasse, la table et les plaisirs de l'amour. Il eut avec mademoiselle de Caumont, fille du duc de la Force, placée auprès de la dauphine, une intrigue que cette princesse chercha vainement à faire cesser en mariant cette demoiselle au comte du Roure. Plus tard, elle fut exilée à Montpellier par ordre du roi, qui refusa constamment de reconnaître une fille qu'elle avait eue du dauphin. Ce prince eut ensuite avec mademoiselle Choin une intrigue qui fut plus longue et plus sérieuse. Plein de respect et de soumission pour l'autorité de son père, il ne put cependant lui sacrifier ses penchants; et il se permit souvent une critique sévère de la conduite du monarque, surtout lorsque le roi montra toute son affection pour son petit-fils, le duc de Bourgogne, dont le dauphin avait la faiblesse d'être jaloux. Réduit alors à la nullité la plus absolue, ce prince passa les dernières années de sa vie dans une oisiveté continuelle. « On voyait, dit un historien, un dauphin de France, âgé de plus de quarante ans, honoré de quelques succès à la guerre, élève de Bossuet et de Montausier, né avec d'heureuses dispositions, mais d'un caractère faible, conduit par degrés et retenu dans une sorte d'anéantissement à la cour; un fils du roi de France, père d'un roi d'Espagne, n'osant prétendre à la plus petite grâce pour lui ni pour les autres, et découragé par le sévère despotisme du roi; passant les journées entières appuyé sur ses coudes, se bouchant les oreilles, les yeux fixés sur une table nue, ou assis sur une chaise, frappant ses pieds du bout d'une canne pendant toute une après-dînée. » Il mourut à Meudon de la petite vérole, le 14 avril 1711, presque oublié de la cour, mais regretté du peuple, qui, sachant son peu de crédit, ne pouvait lui attribuer les maux dont il était accablé. « C'était, dit Duclos, le meilleur des hommes et le plus médiocre des princes (1). »

2º Louis, duc de Bourgogne, second dauphin, né à Versailles le 6 août 1682, du dauphin fils de Louis XIV et de M.-Anne-G. de Bavière. « Il naquit terrible, dit Saint-Simon, et, dans sa première enfance, fit trembler; dur, colère, opiniâtre à l'excès, passionné pour tous les plaisirs, porté à la cruauté, barbare en raillerie, saisissant les ridicules avec une justesse qui assommait... L'esprit, la pénétration brillaient en lui de toutes parts. Ses réponses tendaient toujours au juste et au profond, même dans ses fureurs... » Tel était, dès l'âge de sept ans, le prince dont l'éducation fut confiée à Fénélon, son précepteur, à Feury, sous-précepteur, et à Beauvilliers, gouverneur. De tels hommes étaient bien capables de lutter contre de si grandes difficultés. Ils mirent tout en œuvre pour diriger vers le bien des penchants aussi dangereux, surtout dans un prince appelé à régner. « Le prodige est, ajoute Saint-Simon, qu'en très-peu de temps la dévotion et la grâce en firent un autre homme, et changèrent tant et de si redoutables défauts en vertus parfaitement contraires. De cet abîme sortit un prince affable, humain, patient, modeste et austère pour soi, tout appliqué à ses obligations et les comprenant immenses. » Plein d'admiration et de confiance pour son précepteur, le jeune prince se livrait avec lui, dès la seconde année, aux entretiens les plus solides, et, dans la douce liberté de leurs conversations, il lui disait : « Je laisse derrière la porte le duc de Bourgogne, et je ne suis avec vous que le petit Louis. » A l'âge de dix ans, il écrivait élégamment en latin et traduisait avec exactitude les auteurs les plus difficiles. A onze ans, il avait lu Tite-Live tout entier, il avait traduit les Commentaires de César, et commencé une traduction de Tacite, qu'il acheva dans la suite, mais qu'on n'a pu retrouver. Bossuet voulut

(1) On dit qu'il avait eu d'une célèbre actrice, nommée la Raisin, un fils qui lui ressemblait parfaitement. Le roi n'ayant pas voulu le reconnaître, ce jeune homme, d'ailleurs plein de talents, serait mort dans la misère, si La Jonchère, trésorier de l'extraordinaire des guerres, ne l'en eût retiré en lui donnant sa sœur en mariage. On ne sait pas ce qu'il est devenu, ni s'il a laissé une postérité.

lui-même s'assurer de ce prodige, et, après un long entretien, qu'il avait sollicité, l'évêque de Meaux proclama hautement les grandes espérances que donnaient aux Français tant de vertus et de talents réunis.

Ce fut vers le même temps que Fénélon conçut pour l'instruction de son élève le plan du *Télémaque*, qu'il devait lui remettre au moment où son éducation aurait été achevée ; mais les disputes du *quiétisme* vinrent interrompre l'exécution de ce projet. Le duc de Bourgogne avait quinze ans lorsque son instituteur fut exilé. Il alla se jeter aux pieds du roi, et ne put en obtenir d'autre grâce pour Fénélon que la conservation du titre de précepteur. Fénélon n'abandonna point son ouvrage, et il ne cessa de faire passer à son élève de sages instructions par l'entremise de Beauvilliers. De son côté, le jeune prince conserva pour l'archevêque de Cambrai beaucoup de respect et de reconnaissance ; mais il ne lui écrivait qu'en secret et avec circonspection. Il continua à faire de grands progrès dans les lettres, dans la morale et surtout dans l'administration. En 1697, il épousa Adélaïde de Savoie, princesse dont les grâces et l'esprit firent l'agrément de la cour, et qui fut constamment aimée de son époux avec la plus vive tendresse. En 1698, Louis XIV forma un camp de plaisance à Compiègne pour l'instruction de son petit-fils, sous la direction du maréchal de Boufflers, et, en 1702, il lui donna le commandement de l'armée de Flandre, avec les conseils du même général. Cette campagne n'offrit rien d'important, si ce n'est un combat de cavalerie auprès de Nimègue, où le duc de Bourgogne montra du courage et poussa les ennemis avec vigueur. En 1703, il fut nommé généralissime de l'armée d'Allemagne, et, dirigé par Vauban, il s'empara du Vieux-Brisach. Revenu à la cour, le roi lui destina, en 1707, le commandement de l'armée des frontières d'Italie. Il devait avoir sous lui les maréchaux de Berwick et de Tessé ; mais ce dernier ayant obligé les ennemis de lever le siége de Toulon et de se retirer en Piémont, le duc de Bourgogne n'y marcha point. Ce fut en 1708, dans les circonstances les plus difficiles, après la défaite d'Hochstet et celle de Turin, que Louis XIV le nomma généralissime des armées de Flandre et l'envoya contre Marlborough et le prince Eugène, avec des instructions qui le mettaient sous la dépendance du duc de Vendôme. La mésintelligence qui s'éleva bientôt entre ce général et le jeune prince eut les suites les plus fâcheuses, et c'est surtout à cette cause qu'il faut attribuer la défaite d'Oudenarde et la prise de Lille, obligée de capituler malgré le courage de Boufflers qui y fit pendant quatre mois une si belle défense, et malgré la plus nombreuse et la plus belle armée que la France eût alors. Cette armée resta en observation sous les ordres de l'héritier du trône. La campagne de 1708 est, il faut en convenir, une tache à la mémoire du duc de Bourgogne, et on ne peut douter que sa timide circonspection, que ne put entraîner la fougue de Vendôme, n'ait donné de grands avantages à ses habiles adversaires. Toute la France l'en accusa hautement, et on n'attribua pas seulement ces revers à son caractère d'hésitation, mais encore à son excessive dévotion et aux pratiques minutieuses auxquelles il se livrait. En effet, comment aurait pu lutter contre l'activité et les talents réunis d'Eugène et de Marlborough un jeune prince qui n'avait guère vu la guerre que dans les livres ; qui, pénétré de respect et même de crainte pour les volontés du roi, lui envoyait un courrier à chaque mouvement ; qui, au milieu des circonstances les plus décisives, était occupé de scrupules religieux, et écrivait sérieusement à Fénélon pour lui demander « s'il jugeait convenable que son quartier général restât dans un couvent de nonnes ? » Le sage précepteur fit souvent de vains efforts pour donner à son disciple des idées plus élevées. Les lettres du duc de Bourgogne parurent justifier ce prince auprès du roi, et Vendôme, qui avait parlé à l'héritier du trône avec une arrogance tout à fait condamnable, cessa d'être employé. « Mais, dit madame de Maintenon, il fut fêté jusqu'au scandale à la cour de Meudon, » par le grand dauphin lui-même, qui s'était livré au sentiment de jalousie le plus extraordinaire contre un fils dont l'éducation avait été si supérieure à la sienne. Peu de temps après la prise de Lille, le duc de Bourgogne quitta l'armée pour n'y plus revenir. En 1711, il devint dauphin par la mort de son père. Ce fut alors que, sortant de la contrainte dans laquelle il avait été tenu, il fixa les regards de toute la cour et obtint du roi la confiance la plus entière, au point que Louis XIV, si jaloux de son autorité, l'associa à l'empire et ordonna aux ministres de travailler avec son petit-fils. Toute la France attendait le bonheur et la paix des vertus et des talents du nouveau dauphin, lorsqu'il fut enlevé, le 18 février 1712, par une maladie violente et inexplicable, six jours après que son épouse eut expiré, et vingt jours avant la mort de son fils aîné, tous frappés de la même maladie. En moins d'un an, on vit en France quatre dauphins ; le dernier, fils du duc de Bourgogne, seul héritier du trône et depuis Louis XV, fut dans le plus grand danger. La voix publique accusa hautement de ces deuils si précipités l'ambition du duc d'Orléans, depuis régent. Le duc de Bourgogne était d'une taille peu avantageuse et même difforme. Peu fait pour la guerre, il déplorait sans cesse les maux qui en sont la suite. Attaché jusqu'au scrupule aux devoirs de la religion, il

III.   8 fut néanmoins chéri et admiré par les hommes qui étaient loin de partager ses sentiments religieux. Voltaire dit que c'était un « philosophe chrétien », et il s'est indigné (à tort pourtant) qu'il n'y eût pas un seul volume de consacré à la mémoire d'un prince « qui aurait, dit-il, mérité d'être célébré, s'il n'eût été que simple particulier. »

Louis de France, duc de Bourgogne, second dauphin, eut de son épouse :

1. N....., duc de Bretagne, né le 25 juin 1704, décédé le 11 mars 1705, sans avoir été nommé ;

2. Louis, duc de Bretagne, né le 8 janvier 1707, déclaré dauphin après son père ; il le fut seulement quinze jours, étant mort le 8 mars 1712 ;

3. Louis de France, qui fut Louis XV.

3° Nous consacrerons une notice particulière, en son lieu et place, au second fils du grand dauphin, Philippe de France, duc d'Anjou, depuis roi d'Espagne et des Indes.

4° Charles de France, petit-fils de Louis XIV et frère du duc de Bourgogne ; duc de Berri, d'Alençon et d'Angoulême ; vicomte de Vernon, d'Andeli et de Gisors ; seigneur de Coignac et de Merpins, chevalier des ordres du roi et de la Toison d'Or.

Ce prince naquit à Versailles le 31 août 1686. Il était d'un très-beau blond, d'une taille assez ordinaire, d'un embonpoint et d'une fraîcheur qui annonçaient la plus brillante santé. Il paraissait fait pour la société. « C'était, disent les mémoires du temps, le meilleur homme du monde, le plus doux, le plus compatissant, le plus accessible. Il avait de la dignité sans orgueil ; son esprit était médiocre, ses vues bornées, son imagination nulle toujours. Mais il avait en revanche le sens droit et capable d'écouter et de prendre le bon parti. Il aimait la justice, la vérité, la raison. Tout ce qui était contre la religion le peinait à l'excès ; il avait de la fermeté et détestait la contrainte. » L'éducation qu'on lui donna fut bien éloignée de faire fructifier ce naturel. Il n'aimait pas l'étude ; on le rebuta, et l'on finit par lui émousser l'esprit, le rendre timide et contraint. De là cette méfiance extrême de lui-même, qui lui nuisait infiniment. Il s'en apercevait, et il se plaignait de ses premiers maîtres. Lorsqu'il fut en âge d'être marié, deux partis se présentèrent : une des filles de Jacques II, roi d'Angleterre détrôné, et mademoiselle, fille du duc d'Orléans depuis régent. Louis XIV, par des raisons de politique, préféra Mademoiselle. Ce mariage eut lieu sans aucune cérémonie d'éclat, le 16 juin 1710. Nous parlerons ailleurs de cette princesse ; il suffira de dire ici que le duc de Berri, après avoir aimé passionnément sa femme pendant quelque temps, s'en dégoûta bientôt; refroidissement auquel contribua la duchesse par son caractère altier et par la supériorité qu'elle affectait sur son mari. Ce jeune prince, rebuté de tout le monde, se livra à des travers. Il se prit de passion pour une femme de chambre, bien petite et bien laide, et il la garda jusqu'à sa mort, qui arriva bientôt après. Ayant fait une chute à la chasse, il était résulté de cet accident une blessure grave dont le prince n'avait pas voulu parler. Comme il mangeait beaucoup, on attribua son mal à une indigestion, et on le traita en conséquence. C'est ce qui accélera sa fin. Ses regrets étaient déchirants, mais trop tardifs. Il mourut, âgé d'environ vingt-huit ans, le 4 mai 1714, et fut enterré à Saint-Denis, auprès de ses pères.

Outre le grand dauphin, Louis XIV eut encore pour enfants légitimes :

5° Philippe de France, duc d'Anjou, né à Saint-Germain en Laye le 5 août 1668, mort au même lieu le 10 juillet 1671 ;

6° Louis-François de France, duc d'Anjou, né le 14 juin 1672, mort le 4 novembre de la même année ;

7° Anne-Élisabeth de France ; ⎫
8° Marie-Anne de France ; ⎬ qui moururent au berceau.
9° Marie-Thérèse de France ; ⎭

ENFANTS NATURELS DE LOUIS XIV.

1° Louis-Auguste de Bourbon, duc du Maine, naquit à Versailles le 30 mars 1670, et fut légitimé le 20 décembre 1673. L'année suivante, il fut pourvu de la charge de colonel général des Suisses et Grisons. Ce jeune prince annonçait les dispositions les plus heureuses, et le roi se plaisait infiniment à entendre ses saillies enfantines. Madame de Montespan jeta les yeux sur la veuve Scarron pour lui confier l'éducation de son fils; et ce dernier prit pour sa gouvernante une telle affection, que, dans la suite, il lui sacrifia les intérêts même de sa mère. Le roi, qui s'attachait de plus en plus à cet enfant, le déclara, en 1682, prince souverain de Dombes, et rétablit en sa faveur tous les privilèges attachés à cette terre avant sa confiscation sur le connétable de Bourbon. Il le nomma la même année gouverneur du Languedoc, et en 1688 général des galères; charge dont le prince se démit en 1694 lorsqu'il fut pourvu de celle de grand maître de l'artillerie. Il servit dans la guerre de Flandre, et s'exposa à un tel point à la bataille de Fleurus, que M. de Jussac, son ancien gouverneur, y fut tué à ses côtés. Le duc du Maine épousa, en 1692, Anne-Louise-Benedict, petite-fille du grand Condé, princesse aussi vive, aussi entreprenante qu'il était doux et tranquille, et qui employa tout son ascendant sur l'esprit de Louis XIV à l'élévation de sa maison. Le roi, par un édit de 1710, accorda au duc du Maine et à ses autres enfants légitimés les mêmes rangs et honneurs qu'aux princes de son sang, et les déclara habiles à succéder à la couronne dans le cas où la race masculine et légitime des princes du sang viendrait à manquer. Cet édit fut enregistré au parlement, malgré de très-fortes oppositions. Le roi accorda de nouvelles faveurs au duc du Maine par une déclaration de 1714 et les confirma par son testament. Mais après la mort de Louis XIV le duc d'Orléans fut reconnu régent du royaume, et son premier soin fut de faire révoquer toutes les dispositions en faveur des princes légitimés. Le duc du Maine cacha son mécontentement. Cependant, convaincu d'être entré dans les intrigues du prince de Cellamare, ambassadeur d'Espagne, il fut arrêté et conduit à la cidatelle de Doullens, où il eut beaucoup à souffrir de la dureté de l'officier chargé de sa garde. Après un an de détention (1720), il obtint la permission d'aller habiter son château de Clagny ; et ayant fait sa paix avec le régent, il fut rétabli dans l'exercice de toutes ses charges. Il refusa longtemps de voir madame la duchesse du Maine, qu'il accusait de tous ses malheurs, et à laquelle il reprochait d'ailleurs un goût excessif pour la dépense. Il finit cependant par céder à ses instances et vint se fixer à Sceaux, dont il ne sortait que pour aller à Versailles et à Paris, quand son devoir l'y obligeait. Sur la fin de sa vie, il fut attaqué d'un cancer au visage, qui lui fit souffrir des douleurs aiguës ; il les supporta courageusement, et mourut en chrétien le 24 mai 1736. Saint-Simon nous a laissé du duc du Maine un portrait si évidemment dicté par la passion qu'on ne peut se résoudre à en citer même quelques traits. (Voir les *Mémoires* de Saint-Simon, III, 66-77.) On aime mieux rapporter celui qu'en a fait madame de Staeel, qu'on ne peut soupçonner de flatterie, puisqu'elle n'avait pas eu à se louer de ce prince, et que d'ailleurs elle ne songeait point à rendre son écrit publ.c. « Ce prince, dit-elle, avait l'esprit éclairé, fin et cultivé ; toutes les connaissances d'usage, spécialement celles du monde, au souverain degré ; un caractère noble et sérieux. La religion, peut-être plus que la nature, avait mis en lui toutes les vertus et le rendait fidèle à les pratiquer. Son goût le porta.t à la retraite, à l'étude et au travail. Doué de tout ce qui rend aimable dans la société, il ne s'y prêtait qu'avec répugnance. On l'y voyait pourtant gai, facile, complaisant et toujours égal. Sa conversation, solide et enjouée, était remplie d'agréments, d'un tour aisé et léger ; ses récits amusants ; ses manières noblement familières et polies ; son air assez ouvert ; le fond de son cœur ne se découvrait pas ; la défiance en défendait l'entrée, et peu de sentiments faisaient effort pour en sortir. » Madame de Maintenon, pour se rendre agréable au roi, fit imprimer les lettres et les thèmes du duc du Maine, sous ce titre : *OEuvres diverses d'un auteur de sept ans*, 1678, in-4°. Ce volume, publié par le Ragois et par madame de Maintenon, mais tiré à un petit nombre d'exemplaires pour des présents, fut remarqué à cause de l'épître dédicatoire où le roi et la favorite sont loués finement et sans bassesse. Dans le temps, on attribuait cette pièce à madame de Maintenon ; mais on sait qu'elle est de Racine, et on la trouve dans les dernières éditions de ses œuvres. Le duc du Maine cultivait réellement les lettres par goût ; après la mort du grand Corneille, il s'était mis sur les rangs pour lui succéder à l'Académie Française ; mais le roi lui refusa son consentement à cause de sa jeunesse. Ce prince a traduit les premiers chants de l'*Anti-Lucrèce*.

- Le duc du Maine avait eu de son épouse : 1° Louis-Constantin de Bourbon, prince de Dombes, mort âgé d'environ trois ans ; — 2° Louis-Auguste de Bourbon, prince de Dombes, chevalier des ordres du roi, colonel général des Suisses, gouverneur de Languedoc, né le 4 mars 1700, mort sans alliance en 1755. Il jouissait des honneurs de prince du sang, mais il n'a point marqué dans l'histoire ; — 3° Louis-Charles de Bourbon, comte d'Eu, duc d'Aumale, seigneur d'Anet et de Sceaux, chevalier des ordres du roi, grand maître de l'artillerie et colonel général des Suisses, né le 15 octobre 1701, mort sans alliance. Ce prince a joui, pendant sa vie, de tous les honneurs de prince du sang ; — 4° N... de Bourbon, duc d'Aumale, mort dans sa cinquième année ; — 5° N... de Bourbon, appelée *Mademoiselle de Dombes*, morte quelques jours après sa naissance ; — 6° N... de Bourbon, appelée *Mademoiselle d'Aumale*, morte presque en naissant ; — 7° Louise-Françoise de Bourbon, appelée *Mademoiselle du Maine*, née le 4 décembre 1707, morte sans alliance en 1743.

2° Le second fils de madame de Montespan fut Louis-César de Bourbon, comte du Vexin, abbé de Saint-Denis en France, et de Saint-Germain des Prés à Paris, né le 20 juin 1672, légitimé au mois de décembre de l'année suivante ; mort le 10 janvier 1683, dans sa onzième année, et enterré dans le chœur de Saint-Germain des Prés.

3° Louis-Alexandre de Bourbon, comte de Toulouse, troisième fils légitimé de Louis XIV et de madame de Montespan, naquit à Versailles le 6 juin 1678. Ce prince était à peine âgé de cinq ans lorsqu'il fut créé amiral de France. En 1690, il accompagna le roi aux siéges de Mons et de Namur, et y donna de si grandes preuves de courage, que son père se crut dans la nécessité de lui défendre de s'exposer aussi inconsidérément. Lors de la guerre de la succession d'Espagne (1702) le comte de Toulouse, commandant pour la première fois une escadre, sortit de Toulon avec six vaisseaux et se porta successivement à Messine et à Palerme, fit reconnaître dans ces deux villes l'autorité de Philippe V, et sut, par d'habiles dispositions, les mettre à l'abri de toute attaque. La campagne de 1704 lui offrit une nouvelle occasion de se distinguer. L'archiduc Charles, reconnu roi d'Espagne par l'empereur son père et par les alliés, s'était rendu en Angleterre pour s'y embarquer sur l'escadre de l'amiral Rooke qui devait le conduire à Lisbonne. Louis XIV, informé de ce dessein, chargea le comte de Toulouse de s'opposer à son exécution. Deux escadres furent armées simultanément, et le prince prit le commandement de celle de Brest. Sorti de ce port, le 6 mai, avec vingt-trois vaisseaux de ligne, il se dirigea sur Toulon dans l'intention de se réunir à l'amiral Duquesne. Parvenu jusqu'à la hauteur de Lisbonne sans avoir rencontré l'escadre anglaise, il s'arrêta un moment à l'embouchure du Tage, où il apprit que l'amiral anglais Rooke était sorti de Lisbonne quelques jours auparavant avec soixante voiles, ayant à bord trois mille hommes de troupes commandés par le prince de Darmstadt, et qu'il se dirigeait sur Barcelone. Arrivé à Cadix le 25, il se hâta de débarquer les troupes et les munitions qu'il devait y laisser, et se disposa à sortir du détroit. Ce projet n'était pas sans danger, en raison de la supériorité de l'armée anglaise; mais c'était le seul moyen d'opérer sa jonction avec l'escadre de Toulon et de déjouer les projets de l'ennemi sur Barcelone : le comte de Toulouse n'hésita point. Arrivé à la hauteur d'Alicante, il rencontra les dix-neuf vaisseaux commandés par Duquesne. Cet amiral lui rendit compte que l'armée anglaise était forte de soixante-dix bâtiments de guerre, dont quarante-cinq vaisseaux. Le 7 juin, étant à deux lieues de Minorque, on eut connaissance de l'ennemi. Quoique l'armée française fût de beaucoup inférieure à celle des alliés, le comte de Toulouse se mit en mesure de soutenir le combat s'il lui était présenté. Toutefois, ayant le vent sur l'ennemi, il en profita pour se rapprocher des côtes de France. L'amiral Rooke le suivit jusqu'au 10; mais une saute de vent ayant occasionné la séparation des deux armées pendant la nuit, et les Anglais n'étant plus en vue, le comte de Toulouse saisit cette occasion pour rentrer à Toulon. Il y apprit que les alliés, sur la nouvelle de son apparition dans la Méditerranée, s'étaient hâtés de quitter Barcelone pour se mettre à sa poursuite ; et ce fut ainsi que l'entreprise hardie de ce prince de traverser le détroit, pour ainsi dire à la vue d'une armée ennemie supérieure en nombre, fit échouer les projets formés sur la Catalogne, seul but de l'expédition. Mais ce n'était point assez pour le comte de Toulouse ; il voulait se mesurer avec l'amiral Rooke. Toutes ses dispositions étant faites, il sortit de Toulon à la tête de quarante-neuf vaisseaux de ligne et de vingt-quatre galères. Le maréchal d'Estrées commandait en second sous lui ; le marquis de Villette était à l'avant-garde, et le marquis de Langeron formait l'arrière-garde. L'armée se dirigea sur Barcelone ; et, sur l'avis que le comte de Toulouse y reçut que la flotte des alliés était rentrée dans la Méditerranée, il força de voiles pour sortir du détroit et se porter à sa rencontre. Le 24 août 1704, à la pointe jour, on aperçut l'armée ennemie, composée de soixante-cinq vaisseaux, de plusieurs galiotes et divisée en trois escadres. L'amiral Showel était à l'avant-garde, l'amiral Rooke au centre, et l'arrière-garde était commandée par l'amiral hollandais Calembourg. Les deux armées se trouvaient alors à environ onze lieues nord et sud de Malaga. A dix heures du matin, diverses manœuvres les ayant amenées à la portée du canon, le feu commença de part et d'autre avec une vigueur égale sur toute la ligne. Le comte de Toulouse, attaqué par l'amiral Rooke et par deux autres vaisseaux, leur opposa une telle résistance qu'après les avoir très-maltraités, il les força de l'abandonner. L'avant-garde et l'arrière-garde se comportèrent aussi vaillamment, et les alliés, malgré leur supériorité, furent battus sur tous les points. Le combat dura jusqu'à la nuit, et fut tellement meurtrier que l'ennemi éprouva une perte de trois mille hommes. Le vaisseau de l'amiral Calembourg, ainsi qu'un autre vaisseau hollandais, furent coulés dans l'action ; on ne put sauver que l'amiral et neuf hommes. L'armée française eut quinze cents hommes hors de combat. Le vaisseau du comte de Toulouse se battit longtemps contre celui de l'amiral Rooke et le démâta. Le prince reçut lui-même une blessure à la tempe et eut quatre de ses pages tués à peu de distance de lui. Les deux armées, après s'être observées pendant plusieurs jours, se séparèrent enfin. Celle des alliés se dirigea sur Gibraltar, et les Français entrèrent à Malaga. Philippe V, lorsqu'il apprit le beau combat du duc de Toulouse, lui écrivit de sa main une lettre de félicitation, et lui envoya l'ordre de la Toison enrichi de diamants pour une valeur de plus de cent mille écus. La paix vint rendre ce prince à la cour. Le comte de Toulouse, dont les vertus ont trouvé grâce devant l'ennemi le plus acharné des enfants légitimés de Louis XIV, était « l'honneur, la vertu, la droiture, l'équité mêmes, » selon le duc de Saint-Simon, qui rend une égale justice à ses talents guerriers. « Et on ne saurait, dit-il en racontant la bataille de Malaga, voir une valeur plus tranquille que celle qu'il fit paraître pendant toute l'action, ni plus de vivacité à tout voir et de jugement à commander à propos. Il avait su gagner les cœurs par ses manières douces et affables, par sa justice et sa libéralité, etc. » Il aimait l'étude, à laquelle il consacrait souvent une partie des nuits; mais il mettait une extrême réserve à cacher son savoir. Doué d'un sens droit plutôt que d'un esprit brillant, il avait « envie de bien faire, mais par les bonnes voies; tout appliqué d'ailleurs à savoir sa marine de guerre et de commerce, et l'entendait très-bien. » Quoique son abord fût assez froid, la beauté de sa physionomie, noble image de la bonté de son âme, lui gagnait tous les cœurs. Il n'était pas moins aimé qu'estimé à la cour; aussi était-il en butte à la jalousie du duc du Maine, son frère aîné. Le comte de Toulouse ne pouvait souffrir les prétentions exagérées de sa belle-sœur, la duchesse du Maine, qui fit le malheur de son mari en le poussant dans des intrigues qui empoisonnèrent sa vie. Le comte de Toulouse demeura toujours étranger à ces menées, qui ne tendaient à rien moins qu'à troubler la France en intervertissant les droits légitimes des princes du sang royal. Il en fut récompensé par l'estime de tous les bons Français; et, après la mort de Louis XIV, le duc d'Orléans, régent, qui sévit avec raison contre le duc et la duchesse du Maine, montra toujours une bienveillance sincère au comte de Toulouse; il lui épargna toute mortification personnelle, et l'excepta de la mesure par laquelle les princes légitimés furent dépouillés de tous les honneurs et prérogatives de prince. Le comte de Toulouse ne chercha pas, comme son frère, à s'allier à une princesse du sang : il épousa secrètement, le 22 février 1723, Marie-Victoire-Sophie de Noailles, qui avait été mariée en premières noces au marquis de Gondrin, menin du dauphin et brigadier des armées du roi, et dont elle avait eu trois fils. A l'âge de vingt-quatre ans, la marquise de Gondrin était, par sa beauté, ses grâces et son esprit, un des ornements de la cour. Le comte de Toulouse n'avait pu demeurer insensible à tant de mérite. Leur mariage fut déclaré public avec la permission du roi, le 4 septembre de la même année. Jamais union ne fut mieux assortie, jamais époux n'offrirent une réunion plus parfaite. La marquise de Gondrin, en devenant comtesse de Toulouse, se montra digne du haut rang dont on avait laissé les prérogatives à son époux. Elle s'associa à ses mo-destes vertus. Comme lui, elle demeura toujours étrangère à toute ca-bale. Aux scandales de la régence venait de succéder l'administration paisible et régulière du cardinal de Fleury. La cour de Sceaux, présidée par la duchesse du Maine, et la cour de Rambouillet, tenue par la com-tesse de Toulouse, réunissaient alors la plus haute société de la France. Le bel esprit avec quelques prétentions régnait à Sceaux, depuis que l'intrigue en était bannie. Une gaieté piquante et de l'esprit sans affec-tation animaient la société de Rambouillet. C'était celle-ci que préfé-rait Louis XV, jeune encore. « Le bel esprit le mettait au supplice; son précepteur l'avait accoutumé à une vénération exclusive pour le bon sens. » Ce monarque montrait pour la comtesse de Toulouse une amitié qui n'était pas sans quelque nuance de galanterie, et qui pourtant ne fut jamais calomniée. Elle s'entendait avec le cardinal Fleury pour donner à Louis XV le goût de plaisirs qui ne causent ni troubles ni remords. On la vit très-rarement quitter Rambouillet, dont la population ne vivait que de ses bienfaits. Par ses soins, cette ville, qui ne se com-posait encore que d'une rue et d'une église, s'agrandit et devint floris-sante. La comtesse de Toulouse, déjà heureuse mère par la brillante fortune du duc d'Antin, l'aîné des trois fils qu'elle avait eus de son pre-mier mariage, eut encore le bonheur de voir revivre toutes les vertus de son père dans le duc de Penthièvre, unique fruit de son second hymen. Rempli d'une affection chaque jour plus vive pour ce couple respectable, Louis XV destinait au comte de Toulouse la place de premier ministre après la mort du vieux cardinal de Fleury, qui lui-même désirait l'avoir pour successeur; mais ce prince fut enlevé par une maladie cruelle dans la cinquante-neuvième année de son âge (1er décembre 1737). Taillé pour la seconde fois de la pierre, il supporta ses souffrances pendant vingt-deux heures avec une fermeté héroïque, et mourut en donnant à son fils, le duc de Penthièvre, des instructions qui fructifièrent heureuse-ment. La comtesse de Toulouse fut inconsolable : son époux, en mou-rant, l'avait recommandée au roi, qui continua, pendant deux ans, d'aller à Rambouillet; mais la société de cette vertueuse princesse finit par avoir moins de charmes pour le monarque, quand il se fut laissé dominer par des plaisirs corrupteurs. La comtesse de Toulouse passa le reste de ses jours à Rambouillet; l'étude, la bienfaisance et les devoirs d'une religion éclairée, occupaient tous les loisirs de cette douce retraite. Elle mourut en 1766, à l'âge de soixante-dix-huit ans. Lorsqu'elle n'était encore que marquise de Gondrin, Voltaire lui adressa, en 1719, une épître au sujet du péril qu'elle avait couru en traversant la Loire;

4° Louise-Françoise de Bourbon, nommée mademoiselle de Nantes, née le 1er juin 1673, légitimée la même année, et mariée, le 24 juin 1685, à Louis XIII, prince de Condé; restée veuve en 1710, et morte le 16 juin 1743;

5° Louise-Marie de Bourbon, nommée mademoiselle de Tours, morte en 1681;

6° Françoise-Marie de Bourbon, nommée mademoiselle de Blois, née en 1677, légitimée en 1681, épouse de Philippe, petit-fils de France, duc d'Orléans, régent du royaume; morte le 1er février 1749;

7° et 8°. Deux autres enfants mâles, morts au berceau sans avoir été légitimés.

De Françoise de Labaume le Blanc (fille d'honneur de madame), depuis duchesse de la Vallière-Vaujour, pairesse de France, et retirée ensuite aux Carmélites de la rue Saint-Jacques, morte en 1710, après une dure pénitence qui dura trente-cinq ans, Louis XIV eut:

1° Louis de Bourbon, né à Paris le 27 décembre 1663, mort le 15 juillet 1666, sans avoir été légitimé, et enterré à Saint-Eustache;

2° Louis de Bourbon, comte de Vermandois, né au vieux château de Saint-Germain-en-Laye, le 2 octobre 1667, légitimé par lettres-patentes du mois de février 1669, nommé amiral la même année, en remplacement du duc de Beaufort. Lorsque le roi termina la dispute pour le rang entre les princes et les ducs de sa cour, ce fut le comte de Vermandois qui obtint le pas après les princes du sang. Au retour de sa première campagne, en 1683, et, après quelques écarts de jeunesse qui avaient fortement déplu au monarque son père et affligé madame de la Vallière, il mourut à Courtrai d'une fièvre maligne, le 18 novembre de cette année. Il fut enterré dans le chœur de la cathédrale d'Arras, et on lui fit des obsèques magnifiques. Malgré les éloges que lui donne la présidente d'Ousembray, entre autres dans une lettre insérée parmi celles de Bussy-Rabutin, et, malgré les vifs regrets qu'excita la perte prématurée de ce jeune prince, on n'aurait presque rien à dire de lui, si l'on n'avait débité sur son compte une anecdote tout à fait singulière. Elle est tirée des *Mémoires secrets pour servir à l'histoire de la cour de Perse*, Amsterdam, 1745, libelle où, sous des noms supposés, se trouve l'histoire du masque de fer, et où l'auteur a voulu faire croire que ce personnage mystérieux n'était autre que le comte de Vermondois, réputé coupable d'avoir osé donner un soufflet au dauphin, fils de Louis XIV. La réfutation de ce rêve historique ou romanesque se trouve dans bien des ouvrages. Sainte-Foix en a inséré une très-longue dans le dernier volume de ses *Essais historiques sur Paris*. Il y publie l'extrait mortuaire de Marchialy, décédé à la Bastille, le 19 novembre 1703, et inhumé le 20 dans l'église paroissiale de Saint-Paul, à Paris. C'était le nom donné au prisonnier qui a été l'objet de tant de recherches, nom dont on a voulu faire un anagramme : *hic amiral* (c'est l'amiral). Cette désignation, arrangée comme à plaisir, conviendrait autant au duc de Beaufort qu'au comte de Vermandois ; mais tout le monde aujourd'hui abandonne la double conjecture. Pour en démontrer l'absurdité, quant au fils de madame de la Vallière, il suffit de rapprocher l'époque et le lieu de sa mort de l'année où le masque de fer termina sa déplorable carrière, et de l'endroit où il reçut la sépulture ;

3º Marie-Anne de Bourbon, nommée mademoiselle de Blois, et, comme sa mère, qualifiée duchesse de la Vallière-Vaujour, pairesse de France, née au château de Vincennes, le 2 octobre 1666, légitimée l'année suivante, mariée à Louis-Armand de Bourbon, prince de Conti, dont elle n'eut pas d'enfant. Morte à Fontainebleau, le 9 novembre 1685.

Athénaïs de Rochechouart, duchesse de Montespan, donna huit enfants à Louis XIV. C'est par eux que nous avons commencé cet article des enfants naturels du roi, ceux de madame de la Vallière étant morts sans laisser de descendants.

CHAPITRE XXIV.

Ce prince naquit à Saint-Germain-en-Laye, le 21 septembre 1640. Le cardinal Mazarin, qui s'était établi surintendant de l'éducation des deux frères, s'appliqua, suivant les mémoires du temps et de l'aveu de la reine, à viriliser l'un et à efféminer l'autre. Philippe eut pour précepteur la Mothe-le-Vayer, à qui Mazarin disait : « De quoi vous avisez-vous de faire un habile homme du frère du roi ? S'il devenait plus savant que le roi, il ne saurait plus ce que c'est que d'obéir aveuglément. » Anne d'Autriche s'amusait à voir Philippe adolescent, habillé comme Achille à la cour de Scyros : et cette princesse le faisait paraître en jupes devant les courtisans, tandis que Louis était accoutumé de bonne heure à faire le roi. Ainsi Philippe n'aima ni les chevaux ni la chasse ; il se plaisait à se parer, à tenir cercle, et il trouvait un bonheur infini dans les mascarades et dans les cérémonies, même dans les pompes funèbres. Madame de la Fayette dit que « le miracle d'enflammer le cœur de ce prince n'était réservé à aucune femme. » Il épousa, le 31 mars 1661, Henriette-Anne, sœur de Charles II, roi d'Angleterre. Ce mariage ne fut pas heureux ; Philippe se montra jaloux de l'étroite amitié que Louis avait pour cette princesse ; le monarque la voyait tous les jours et tenait sa cour chez elle.

Lorsqu'en 1670, dans le dessein de rompre la ligue que la Hollande venait de faire avec l'Empire et l'Espagne, Louis voulut s'assurer du roi d'Angleterre, il chargea Madame de cette négociation secrète, et Monsieur n'en eut aucune connaissance. Louis, feignant d'aller visiter ses conquêtes des Pays-Bas, y mena sa cour. Henriette prit le prétexte du voisinage pour passer la mer et aller voir le roi son frère. Elle réussit à le détacher de la triple alliance, repassa le détroit le 12 juin, et le 30 du même mois, à huit heures du soir, elle mourut subitement à Saint-Cloud, au milieu d'une cour brillante dont elle faisait les délices. Tout à coup retentit ce cri effrayant : « Madame se meurt; » et quelques heures après : « Madame est morte. » La princesse venait de boire, dans un gobelet de vermeil, de l'eau de chicorée : aussitôt des douleurs affreuses se déclarèrent, et sa première exclamation fut qu'elle était empoisonnée. Le roi et les princes accoururent. « Nous vîmes, dit Mademoiselle dans ses mémoires, Madame sur un petit lit, toute échevelée, le visage pâle, le nez retiré; elle avait la figure d'une morte. On causait, on allait et venait dans cette chambre; on y riait... Nous ne trouvâmes quasi personne qui parût affligé. Monsieur semblait fort étonné. » Des soupçons s'élevèrent contre lui. Un officier de bouche de la princesse se trouva assez riche après sa mort pour ne pas demander, de même que les autres, à entrer au service de la seconde femme de Monsieur. « Comme celle-ci, dit d'Argenson dans ses *Essais*, lisait la liste de ses officiers, et voyant que celui-ci manquait, en témoignait de l'étonnement, et demandait s'il était mort :—Oh! non, dit Monsieur, mais je compte qu'il ne vous servira jamais. — On a remarqué que cet homme ne parlait jamais de Monsieur; que jamais il n'allait au Palais-Royal ni à Saint-Cloud. On prétend même qu'il se troublait quand on parlait devant lui de son ancienne maîtresse. » Après avoir reçu le viatique des mourants, Henriette demanda pardon à son mari de toutes les inquiétudes qu'elle lui avait données, et protesta qu'elle ne l'avait jamais offensé. On avait parlé à la cour des liaisons suspectes de la princesse avec le roi, avec le duc de Monmouth et le comte de Guiche.

Ce n'est pas ici le lieu d'examiner si la jalousie de Monsieur était fondée; mais il n'est que trop vrai qu'elle éclata souvent, et que Henriette eut beaucoup à souffrir de la haine du prince et de l'insolence de ses favoris. Il serait cependant téméraire de noircir la mémoire de Philippe du soupçon même d'un crime que tout annonce avoir été commis. Quant à Louis XIV, il avait intérêt à ce que le roi d'Angleterre, Charles II, ne crût pas qu'une sœur qu'il aimait tendrement eût péri par le poison. Quoi qu'il en soit des véritables causes de la mort d'Henriette, il paraît constant qu'on négligea de les approfondir. Bientôt Philippe, cédant aux instances de son aumônier, rechercha la gloire des armes. L'évêque de Valence, Cosnac, l'accompagna dans la guerre des Pays-Bas (1667). Ce prélat suivait le prince dans la tranchée et jetait de l'argent aux soldats. Le roi, étonné, dit un jour à Philippe: « Diable, mon frère, qui vous en a tant appris? Qui donc vous a engagé à vous tant tourmenter à l'armée?—C'est l'évêque de Valence, répondit Monsieur. — Son conseil, reprit Louis, n'était pas trop obligeant pour moi; mais il ne vous conseillait pas trop mal pour vous. » Quelque temps après, Monsieur échoua dans sa demande d'entrer au conseil; il s'en prit à son aumônier, qui l'avait porté à faire cette démarche, et qui reçut sa démission.

Le 16 novembre 1671, Philippe épousa à Châlons, en secondes noces, la princesse Charlotte-Élisabeth, fille de Charles-Louis, électeur de Bavière. La politique entra dans les deux mariages de Philippe; par le premier, Louis gagna le roi d'Angleterre; par le second, il s'assura de la neutralité de l'électeur palatin, pendant la guerre qu'il méditait contre la Hollande. Charlotte, comparée à Henriette, offrait le contraste le plus frappant dans la figure, le caractère, l'esprit et les manières. Le contraste n'était pas moins grand entre Philippe et sa nouvelle femme. Philippe était petit, galant et efféminé; Charlotte, une grosse Allemande, virile, tout d'une pièce, comme elle le dit elle-même. Il résulta de ce parallèle que, si Monsieur avait été jaloux de Henriette, ce fut Charlotte qui fut jalouse de Monsieur.

En 1672, Monsieur suivit son frère à la conquête de la Hollande, qui s'ouvrit par le fameux passage du Rhin, et fut l'ouvrage de trois mois. Philippe emporta Zutphen, le 25 juin; il prit Bouchain le 11 mai 1676. Il se couvrit de gloire, le 11 avril 1677, à la bataille de Cassel, qu'il gagna contre le prince d'Orange. Philippe avait sous ses ordres les maréchaux d'Humières et de Luxembourg; il donna de grandes preuves de valeur, eut un cheval tué sous lui, et reçut un coup de mousquet dans ses armes. Les chevaliers de Lorraine et de Nantouillet furent blessés à ses côtés. La place de Saint-Omer se rendit à lui le 20 du même mois. « Le roi, écrivait Pellisson, eut une joie sensible de cette prospérité; et nous lui avons entendu dire deux fois, d'effusion de cœur, que sur son honneur il était plus aise que cela fût arrivé à son frère qu'à lui-même. » Mais Saint-Simon dit « qu'il n'y eut que l'extérieur de gardé, et que, dès ce moment, la résolution fut prise, et depuis bien tenue, de ne jamais donner d'armée à commander à Monsieur. » Dès lors Philippe retomba dans les frivolités d'une vie molle et oisive. Au milieu d'une cour galante, il chercha froidement des aventures. S'étant attaché à une demoiselle de Grancy, il eut, suivant quelques auteurs, le malheur de s'en montrer jaloux jusqu'au ridicule. Mademoiselle de Montpensier, morte en 1693, institua ce prince son légataire universel. Louis XIV renouvela, en 1693, la donation, déjà faite par lui à son frère, du Palais-Royal, que Richelieu avait laissé à la couronne. Le second testament de Charles II, en date du 2 octobre 1700, appelant à la couronne d'Espagne le duc d'Anjou, second fils du dauphin; Philippe, qui prétendait à la succession de Charles comme fils d'Anne d'Autriche, signa d'inutiles protestations, et mourut à Saint-Cloud, le 1er juin de l'année suivante, à l'âge de soixante et un ans.

Quelques traits, pris dans la correspondance de Charlotte-Élisabeth de Bavière, achèveront le portrait de ce prince. « Monsieur écrivait si mal, que souvent il m'apportait ses propres lettres à lire, en me disant : «— Madame, vous êtes accoutumée à mon écriture; lisez-moi un peu cela, je ne sais ce que j'ai écrit. » Il avait une forte aversion pour la chasse; et hors le cas où le service militaire le demandait, il ne pouvait se résoudre à monter à cheval. A l'armée, les soldats disaient de lui : « Il craint plus que le soleil ne le » hâle, qu'il ne craint la poudre et les coups de mousquet. » Il aimait tant le son des cloches, qu'il ne manquait jamais de se trouver à Paris la nuit de la Toussaint; il n'aimait pas d'autre musique. Madame de Frêne disait souvent à Monsieur : « Vous ne déshonorez pas les femmes qui vous hantent, » mais elles vous déshonorent. » Il parlait aux personnes uniquement pour leur parler. Son affabilité avait quelque chose de trop banal; ce n'était plus une distinction que d'être accueilli par lui. Il aimait beaucoup plus le roi que le roi ne l'aimait. L'attachement de Monsieur pour son frère était une véritable adoration; il ne pouvait lui résister en rien. Il avait la coutume de porter le soir, dans son lit, un chapelet garni de plusieurs médailles et reliques, qui lui servait à faire sa prière avant de s'endormir. » Ce ne fut pas cependant la faute de son précepteur le Vayer, si Philippe ne devint pas un prince sage et éclairé. Il lui fit traduire l'histoire romaine de Florus. Lenglet Dufresnoy fait l'éloge de cette version ; mais elle n'est plus recherchée aujourd'hui.

Philippe, duc d'Orléans, eut de sa première femme :

1° Philippe-Charles d'Orléans, duc de Valois, né le 16 juillet 1664, baptisé au Palais-Royal, le 6 décembre 1666, par l'évêque de Valence ; mort le 8 du même mois ;

2° Marie-Louise d'Orléans, dite Mademoiselle d'Orléans, née au Palais-Royal, le 27 mars 1662, baptisée le 21 mai suivant ; mariée par procureur, le 31 août 1679, à Charles II, roi d'Espagne ; décédée sans enfans à Madrid, le 12 février 1689, enterrée à l'Escurial ;

3° N....., née le 9 juillet 1665, morte le même jour, ondoyée et sans avoir été nommée ;

4° Anne-Marie d'Orléans, demoiselle de Valois, née à Saint-Cloud, le 27 août 1669, baptisée à Paris, dans la chapelle du Palais-Royal, le 8 avril 1670 ; mariée par procureur, à Versailles, le 10 avril 1684, à Victor-Amédée, duc de Savoie, prince de Piémont, roi de Sicile, auquel royaume il a renoncé pour celui de Sardaigne.

De sa seconde femme, Élisabeth-Charlotte de Bavière, Philippe duc d'Orléans a laissé :

1° Alexandre-Louis d'Orléans, duc de Valois, né à Saint-Cloud, le 2 juin 1673, baptisé à Paris, le 10 avril 1674, décédé au Palais-Royal, la nuit du 15 au 16 mars 1676. Son corps fut porté à Saint-Denis, et son cœur au Val-de-Grâce ;

2° Philippe d'Orléans, petit-fils de France, duc d'Orléans, régent, auquel nous consacrerons bientôt un chapitre particulier ;

3° Élisabeth-Charlotte d'Orléans, demoiselle de Chartres, née à Saint-Cloud, le 13 septembre 1676, baptisée le 5 octobre suivant, dans la chapelle du château, mariée le 13 octobre 1698, à Léopold-Charles, duc de Lorraine et de Bar.

CHAPITRE XXV.

LE GRAND CONDÉ.

Louis de Bourbon, prince de Condé, naquit à Paris le 7 septembre 1621, du prince de Condé et de Charlotte-Marguerite de Montmorenci. Il fut titré duc d'Enghien. Son père l'entoura d'une sollicitude dont il devait plus tard le récompenser largement par la gloire nouvelle dont il fit briller le nom des Condé. Les PP. le Pelletier et le Maître Gonthier furent d'abord chargés de l'instruire. Ses progrès au collége des jésuites à Bourges furent tellement rapides, qu'à l'âge de douze ans il composa un traité de rhétorique, dédié à son frère, le prince de Conti : depuis trois ans déjà son père avait exigé qu'il ne lui écrivît qu'en latin. Son éducation fut complète : toutes ses facultés furent exercées. M. de Mérille l'aida dans ses derniers efforts et lui enseigna le droit et les mathématiques. Son corps se développait en même temps que son intelligence. Longtemps faible et délicat, il acquit une vigueur capable de lui faire braver toutes les fatigues de la guerre : tous les jeux et tous les exercices du corps lui devinrent familiers et faciles ; il excella dans tout ce qu'il entreprit.

Avec de telles qualités, solides et brillantes, le duc d'Enghien se fit aimer et admirer des gens d'esprit qu'il vit à l'hôtel Rambouillet, où sa mère l'introduisit.

Dès l'âge de dix-huit ans il gouverna en Bourgogne, et s'acquitta fort bien d'une charge qui pouvait paraître au-dessus de ses force. Sa correspondance avec la cour et son père, dit un de ses biographes, annonce des talents supérieurs et une grande application aux détails.

Son père lui permit enfin de faire sa première campagne, ardemment désirée, mais ajournée quelque temps à cause de sa jeunesse. Il entra en qualité de volontaire dans l'armée commandée par le maréchal de la Meilleraie, parent de Richelieu, qui devait se porter sur la Meuse, tandis que les maréchaux de Châtillon et de Chaulnes feraient la guerre en Artois. Le duc d'Enghien fut témoin des revers qu'éprouva le maréchal dès le commencement de cette campagne ; mais il eut le bonheur de voir le siége et la prise d'Arras, dus surtout au maréchal de Châtillon, qui, avec de Chaulnes, s'était réuni à la Meilleraie.

La belle conduite du jeune duc pendant cette guerre ne fut pas ignorée de Richelieu. Après une conversation que le cardinal eut à Ruel avec le duc, celui-ci parut propre à réaliser les projets d'illustre alliance que formait l'homme d'état. Le prince de Condé accepta pour son fils Claire-Clémence de Maillé-Brézé, fille d'Urbain de Maillé-Brézé, duc, pair et maréchal de France, et de Nicole du Plessis-Richelieu. Le mariage, malgré la répugnance du duc d'Enghien, fut célébré le 11 février 1641 : un million fut dépensé à cette occasion par le cardinal.

L'activité de la guerre ayant été portée vers le midi, pour calmer les craintes de la Hollande, le duc d'Enghien, à peine rétabli d'une maladie grave qu'on attribua à son mécontentement, rejoignit en Artois l'armée de la Meilleraie. La prise d'Acre, action la plus glorieuse de cette campagne, lui fournit l'occasion de consolider sa réputation de science et de bravoure ; mais malheureusement il ne commandait pas en chef, et ne put empêcher le cardinal Infant de reprendre cette ville, héroïquement défendue par Aigueberre.

En 1642, il accompagna Louis XIII en Roussillon : à la tête de la noblesse du Languedoc, il combattit si bien devant Collioure, Perpignan et Salces, que le roi s'écria : « Que le prince son filleul livrerait et gagnerait bientôt des batailles (1). »

Bientôt après Richelieu mourut. Le prince et le duc réclamèrent les droits de leur naissance et de leur dignité, et le roi assura aux princes du sang la préséance sur les cardinaux. Le souple Mazarin fut le premier à se prêter à cette décision.

La mort de Richelieu fit voir clairement ce que sa puissance et sa sévérité avaient longtemps étouffé ou dissimulé : la division, la jalousie, les haines préoccupaient tous les grands. On détestait généralement le pouvoir du ministre ; on accusait le roi de faiblesse, plus tard on accusa la reine d'opiniâtreté, et dès 1642, la santé du roi s'altérant de plus en plus, on put prévoir les difficultés de la régence, sinon la guerre de la Fronde. Le gouvernement, pendant la minorité, devait être confié, soit à la reine, soit à la famille d'Orléans, soit aux princes de Condé : la reine, les d'Orléans, les Condé avaient donc dès lors des partisans, des donneurs de conseils et des ennemis. Le roi était indécis ; il se défiait éga-

_____

(1) En quittant le Roussillon, le prince avait pris la route de Lyon pour se rendre à la cour ; mais il négligea de voir le cardinal Alfonse de Richelieu, archevêque de Lyon, frère du ministre. A la première entrevue qu'il eut avec Richelieu, celui-ci ne manqua pas de lui demander des nouvelles de son frère ; le duc répondit ingénument qu'il ne l'avait pas vu. Le prince de Condé ordonna a son fils de réparer sa faute : le duc d'Enghien fit donc un voyage de deux cents lieues dans la mauvaise saison, pour ménager la susceptibilité de Richelieu. On prétend que le cardinal Alfonse, instruit de ce voyage, s'en alla exprès à son abbaye de Saint-Victor de Marseille, pour donner au prince la peine d'aller le chercher plus loin. (Voir les *Mémoires de Monglat*, t, II, p. 64.) Nous avons cité ce trait comme peignant bien l'orgueil du cardinal ministre, et combien les grands en devaient être choqués. Les mécontentements qui poursuivirent son successeur prirent en partie naissance sous son gouvernement. Nous parlons des mécontentements de la noblesse.

lement, et de la reine qu'il croyait attachée à l'Espagne, et du duc d'Orléans, qu'il venait même d'exclure de la part que sa naissance lui donnait à l'administration de l'état, en le réduisant à la condition d'un simple particulier. Mais donner la régence au prince de Condé, c'était exposer la France aux malheurs d'une guerre civile. Ce ne fut qu'à la dernière extrémité et à la persuasion de Mazarin et de Chavigni qu'il prit enfin le parti de partager l'autorité entre la reine, qui n'avait que le nom de régente; Monsieur, qu'il déclara « lieutenant général de l'état; » le prince de Condé, appelé alors M. le prince, honoré de la qualité de « chef des conseils, » le cardinal Mazarin; le chancelier Séguier; le surintendant Bouthillier et le ministre Chavigni. Mais après la mort de Louis XIII, la reine obtint du parlement un arrêt qui lui assurait la régence et la tutelle sans restriction. Prévenue d'abord contre Mazarin, le protégé de Richelieu, elle changea de sentiment à son égard: les conseils de la princesse de Condé, ceux de M. de Béringhen et du P. Vincent la déterminèrent, et elle accorda toute sa confiance au cardinal en le rendant dépositaire de son pouvoir. Le duc d'Enghien, qui avait obtenu du roi le commandement de l'armée destinée à couvrir la Champagne et la Picardie, vit la reine, lui promit d'être toujours attaché à ses intérêts, et en reçut la promesse d'être préféré à tous pour le commandement des armées.

La campagne précédente, en Picardie, avait été funeste à la France: don Francisco de Mélas, gouverneur général des Pays-Bas, avait détruit une armée française à Hennecourt, et s'était emparé de plusieurs places. Voyant la France affaiblie sur ses frontières, et sur le point d'être déchirée par les factions, espérant continuer des victoires faciles et plus décisives, il avait rassemblé des troupes nombreuses et une artillerie formidable.

Dans ces conjonctures, le duc d'Enghien envoya à Arras

le maréchal de Grammont avec un corps considérable d'infanterie, et lui-même se mit en marche avec le reste de son armée, prenant le chemin de Guise, afin de prévenir l'ennemi, qui avait déjà pénétré jusqu'à Landrecies. Mais apprenant que l'armée espagnole se dirigeait vers la Meuse dans le dessein d'envahir la Champagne, il se mit à sa poursuite. Cette armée se composait de l'élite des troupes espagnoles, et comprenait celles employées ordinairement contre la Hollande. Nos forces ne s'élevant qu'à douze mille hommes, et, en espérant sept à huit mille de renfort, avaient donc à lutter contre vingt-sept mille hommes, et devaient vaincre et détruire cette célèbre infanterie, si belle, si courageuse et si bien disciplinée. Le duc d'Enghien avait sous ses ordres le maréchal de l'Hôpital, lieutenant général, connu autrefois sous le nom de *du Hallier*, Gassion, la Ferté-Sénecterre, d'Espenan et de Sirot, maréchaux de camp. Ce fut à l'impétueux Gassion que le duc accorda le plus de confiance; il lui ordonna de prendre deux mille chevaux, de suivre l'ennemi du plus près possible, et de jeter du secours dans les places menacées par les Espagnols. D'Enghien, que désormais nous nommerons Condé, rencontra à Joigni le maréchal de camp d'Espénan, qui lui amenait un corps de six ou sept mille hommes. Là, on apprit que l'ennemi avait ouvert la tranchée devant Rocroi. Gassion avait fait entrer dans cette ville un secours de cent cinquante dragons. La ville de Rocroi, située au milieu d'une plaine environnée de bois épais et de marais, ne pouvait être abordée que par des défilés longs et difficiles, excepté du côté de la Champagne, et encore ce chemin était-il dangereux; mais le moindre délai livrait la ville aux ennemis. L'armée espagnole occupait la plus grande partie de la plaine : don Francisco de Mélas s'était rendu maître de tous les défilés et attendait sans crainte le duc et son armée.

Le 17 mai 1643, Condé, arrivé à Bossu, partagea ses troupes, qui montaient à quinze mille hommes de pied et sept mille chevaux, en deux lignes, qu'il appuya d'un corps de réserve; il prit le commandement de la droite, ayant sous lui Gassion; il laissa celui de la gauche au maréchal de l'Hôpital, secondé par la Ferté-Sénecterre: l'infanterie était dirigée par d'Espénan, la réserve par de Sirot. Un peleton de cinquante mousquetaires fut placé entre chaque escadron; les dragons et la cavalerie légère furent jetés sur les ailes à droite et à gauche.

Le lendemain, à la pointe du jour, l'armée s'avança jusqu'à l'entrée du défilé, précédée par Gassion, qui chassa du bois quelques gardes espagnols. Le duc fit défiler sa droite, masquant par sa cavalerie la marche difficile de l'infanterie et de l'artillerie. Il fit ainsi parvenir toutes ses troupes sur la hauteur, et les y rangea en bataille, conformément aux dispositions qu'il avait faites la veille. Les Espagnols, de leur côté, se formaient vis-à-vis sur une hauteur, et séparés des Français par un vallon. Le comte de Fuentès commandait sous don Francisco de Mélas en qualité de maréchal-général. Le général Beck, à la tête d'un corps de six mille hommes, reçut ordre de rejoindre l'armée. En attendant, la gauche fut donnée au duc d'Albuquerque; le général en chef prit la droite, et le comte de Fuentès, impotent, se fit traîner à la tête de l'infanterie. L'artillerie, de part et d'autre, fit un feu continuel, mais la bataille ne s'engagea que le lendemain. Peu s'en fallut qu'une imprudence de la Ferté-Sénecterre ne compromît la journée; il fallut rétablir les postes dont les Espagnols ne s'étaient pas emparés, et le jour manqua avant que le désordre fût réparé. Condé dormit si profondément, qu'il fallut le réveiller. Il était trois heures du matin; il se laissa armer, mais voulut conserver son chapeau garni de plumes blanches; elles servirent dans la mêlée à rallier auprès de lui plusieurs escadrons, qui, sans cet ornement, ne l'auraient pas reconnu. D'Enghien harangue ses troupes, fait sonner la charge, et s'élance à la tête de la cavalerie de l'aile droite, chasse d'un bois taillis mille mousquetaires, embusqués pour le prendre en flanc, tourne sur la gauche et attaque de front la cavalerie ennemie, tandis que Gassion la prenait en côté. Les escadrons espagnols cherchent leur salut dans la fuite, Gassion les poursuit et Condé fond sur l'infanterie allemande, wallone et italienne, qu'il taille en pièces. Malgré ces succès, la bataille était sans doute perdue sans l'activité infatigable du jeune général. La gauche et la réserve étaient battues par les Espagnols : Condé rallie la cavalerie qui l'entoure, marche rapidement derrière les bataillons ennemis, joint leurs escadrons débandés, les disperse et leur arrache la victoire. Il n'y avait plus de troupes ennemies sur le champ de bataille que cette redoutable infanterie espagnole qui n'avait pas encore combattu. Le duc, qui apprend que le général Beck n'est plus qu'à peu de distance avec des troupes fraîches, détache Gassion et une partie de la cavalerie pour l'arrêter, et attaque lui-même le comte de Fuentès et ses vieilles bandes. Dix-huit pièces de canon et un feu terrible de mousqueterie accueillent les Français, qui s'étaient avancés jusqu'à cinquante pas, les forcent à s'éloigner en désordre. Deux autres attaques ne furent pas plus heureuses. Enfin, le corps de réserve étant arrivé, cette brave infanterie se trouva enveloppée de toutes parts. Quelques officiers espagnols, voyant qu'il n'y avait plus d'espérance de salut que dans la clémence du vainqueur, sortent des rangs ; le duc s'avance ; mais le soldat espagnol s'imagine qu'il prépare une nouvelle attaque, et il fait une décharge furieuse. On regarda comme une espèce de miracle que Condé n'eût été ni tué ni blessé. Loin d'attribuer ce dernier effort à une erreur, les Français l'imputent à la perfidie, et, sans attendre le signal, ils entrent dans les bataillons ennemis et commencent un carnage auquel le duc eut peine à mettre fin. Les troupes de Beck, apprenant la victoire de Rocroi, s'étaient retirées avec précipitation. La défaite des Espagnols est donc complète : Condé remercie le ciel, embrasse Gassion, et lui promet, au nom du roi, le bâton de maréchal.

De dix-huit mille hommes, infanterie espagnole, il y en eut près de neuf mille tués dans les rangs, et sept mille furent pris avec toute l'artillerie, consistant en vingt-quatre pièces, trois cents drapeaux ou étendards, tous les bagages : « Ah! s'écria Condé à la vue du corps du comte de Fuentès percé de coups, si je n'avais vaincu, je voudrais être mort comme lui. » Les Français n'eurent que deux mille hommes tués ou blessés. Henri de Noailles et le marquis d'Athnove périrent devant Rocroi. Le maréchal de l'Hôpital, la Ferté-Sénecterre, le comte de Beauveau, le marquis et le chevalier de la Trousse, les barons d'Éclainvilliers, d'Érvaut, de Vivans, d'Équancourt furent blessés. Condé reçut trois coups de feu, deux dans sa cuirasse et un autre à la jambe; son cheval fut blessé de deux mousquetades.

Condé entra dans Rocroi, où il laissa reposer deux jours son armée victorieuse, puis il la conduisit à Guise. La France n'était pas assez forte pour entreprendre une invasion dans le pays ennemi. Le duc eût tout osé; mais il lui eût fallu le concours d'une flotte. Il arrêta ses vues sur Thionville, voulant rendre plus difficile la communication des Pays-Bas avec l'Allemagne. Après quelque hésitation de la part du conseil, le vainqueur de Rocroi put commencer l'attaque de cette ville importante. Il marcha d'abord vers l'Escaut, et détourna ainsi vers cette ligne l'attention des ennemis; puis, changeant de route, il força les postes de Barlemont et d'Aimeri, réduisit Maubeuge et Binch, et arriva devant Thionville, rejoignant ainsi les marquis de Gèvres et d'Aumont.

La garnison n'était que de huit cents hommes ; mais, malgré la surveillance du comte de Grancey, les Espagnols, par une manœuvre habile et hardie, firent entrer dans la place un secours de deux mille hommes. Le duc passa la Meuse à gué pour établir ses quartiers, fit construire deux ponts de bateaux au-dessus et au-dessous de Thionville, et traça les lignes de circonvallation. Après de vigoureuses sorties des Espagnols, et bien des efforts de la part des assiégeants, une double tranchée fut ouverte le 25 juin 1643, et une forte batterie foudroya les ouvrages de la place ; puis on s'établit dans le chemin couvert, le fossé fut comblé, et l'explosion trop prompte d'une mine ouvrit aux Français un nouveau chemin. Cependant les sorties étaient toujours terribles, la Moselle débordait et emportait les ponts, et c'en était fait d'une partie de l'armée, si le général Beck, campé sous les murs de Luxembourg, fût tombé sur les troupes de Palluau et de Sirot. Mais enfin les mines furent poussées sous la place, au delà du terrain où étaient situées les fortifications. Les Espagnols furent invités à visiter ces mines, et la garnison sommée de se rendre. Condé lui accorda une capitulation honorable ; elle sortit de la place le 22 août, après avoir soutenu pendant plus de deux mois tous les efforts d'une armée victorieuse, montant à dix-huit ou vingt mille hommes. Douze cents Espagnols, presque tous malades ou blessés, restaient seuls : le gouverneur, le maire de la ville, tous les principaux officiers avaient été tués. Le duc eut à regretter le marquis de Gèvres enseveli sous une mine. Depuis Thionville jusqu'à Trèves, tout fut soumis, et Condé, confiant des troupes au duc d'Angoulême, vint à Paris goûter les joies du triomphe et de la reconnaissance publique.

Mais il fut bientôt rappelé sur les bords du Rhin. Le maréchal de Guébriant était vivement pressé par le comte de Merci. Condé joignit le premier avec cinq ou six mille hommes d'élite et de grands convois, harangua les troupes, ravitailla les places du Rhin, et revint à Paris, après avoir pourvu à la sûreté des frontières.

Cependant le duc de Beaufort, à la tête des *importants*, avait lassé la reine et le ministre. Son arrestation et son emprisonnement rétablirent quelque temps un ordre apparent. On murmura pourtant à l'occasion du gouvernement de Champagne donné, ainsi que Stenai, au grand Condé. On lui opposait le duc d'Orléans, qui lui-même, piqué sans doute d'émulation, demanda et obtint le commandement dans la campagne suivante : ses succès se bornèrent à la prise de Gravelines. Quant à Condé, il se vit réduit à agir dans le Luxembourg avec un corps qui n'était presque composé que de troupes de sa maison, tandis que Turenne était appelé à réparer les fautes de Rantzau, successeur de Guébriant, et qui s'était laissé surprendre et battre par Merci, Jean de Vert et le duc de Lorraine réunis. L'armée que Turenne fut obligé de former étant beaucoup trop faible, Condé reçut l'ordre de le rejoindre. Il avait dix mille hommes avec lesquels il arriva à Brisach, au moment où le gouverneur de Fribourg venait de se rendre.

Il fallait combattre l'armée ennemie, forte de quinze à seize mille hommes, défendue par sa situation et par les ouvrages que Merci avait fait construire, ouvrages qui prolongeaient la défense dans toute la plaine et jusqu'au sommet des montagnes. Condé et Turenne concertèrent leur marche et leurs mouvements de manière à tomber en même temps sur l'ennemi ; celui-ci par un défilé fort difficile, mais le seul praticable, celui-là par la montagne. La contenance des Bavarois fut d'abord si bonne, leur feu si bien soutenu et le terrain si difficile, qu'il y eut un instant d'hésitation de la part de Condé, qui craignait de perdre sans profit une partie de ses hommes. Cependant il descend de cheval avec Grammont, tous les officiers généraux et les volontaires, va se mettre à la tête du régiment de Conti, et marche le premier à la ligne des Bavarois. Arrivé au pied du retranchement, il y jette son bâton de commandement; les Français font des efforts prodigieux pour l'arracher aux ennemis, forcent la ligne et poursuivent dans les bois les Bavarois, qui n'y peuvent trouver un refuge: presque tous sont massacrés; ils étaient trois mille. Le duc entra le premier dans une redoute abandonnée par l'ennemi, toutes les autres furent prises, et les Bavarois ne se maintinrent plus que dans le fort, duquel Condé voulait séparer le reste de l'armée. La nuit commençant à rendre le combat difficile dans des bois et des défilés bien connus et probablement utilisés par Merci, Condé ne s'occupa qu'à rallier son infanterie et à faire gravir sa cavalerie, malgré toutes sortes d'obstacles, jusqu'au sommet de la montagne. Turenne, arrivant après bien des peines devant l'ennemi, entendit les fanfares de Condé; il voulut forcer le dernier retranchement et déboucher dans la plaine, il fut repoussé et convertit le combat en vives et sanglantes escarmouches. Malgré toute son impétuosité, il fut forcé d'attendre le jour: sa proie lui échappa. Par une des plus belles retraites, Merci, affaibli de dix mille hommes, gagna la montagne Noire, encore plus voisine de Fribourg que celle qu'il abandonnait, et là, en un jour et une nuit, tandis que nos troupes harassées se reposaient, il se fortifia avec son habileté accoutumée. Du sommet de la montagne, l'artillerie en défendait les approches. Turenne est chargé de triompher de cet avantage. D'Espénan dut attaquer le retranchement défendu par l'aile retranchée sous le canon de Fribourg. Enfin la cavalerie est rangée dans la plaine, prête à tout événement. Le duc avait recommandé fortement aux officiers de ne rien faire sans son ordre et en son absence; néanmoins d'Espénan engagea malheureusement dans le vallon, et pour la prise d'une redoute , un combat qui devint général. Les Bavarois, sortis de leurs lignes, plièrent d'abord sous les efforts de Condé et de Turenne ; mais les Français à leur tour manquèrent de force : en vain le vainqueur de Rocroi demeura-t-il longtemps, lui vingtième, à trente pas d'un retranchement, exposé au feu le plus terrible ; il y avait à craindre une défaite. Confiant au marquis d'Aumont le soin d'entretenir l'action sur ce point, il se rend au vallon avec Grammont et Turenne. Bientôt commença une lutte acharnée, au milieu de laquelle périt le frère de Merci. La nuit surprit enfin les deux armées. Le premier soin du grand Condé fut de faire transporter à Brisach les prisonniers, sans distinction d'amis et d'ennemis. Il pardonna à d'Espénan comme il avait pardonné, devant Rocroi, à la Ferté-Sénecterre.

Cependant Condé persistait dans ses desseins : il voulait détruire l'armée ennemie, qui n'avait pour s'échapper, de Fribourg à Filinghen, d'où elle recevait ses vivres, qu'une vallée resserrée et difficile. Le 9 août, à la pointe du jour, il décampa pour s'emparer de la route suivie par les convois et affamer les Bavarois ou les forcer à quitter leur position. Le duc resta des derniers en présence de l'ennemi, puis rejoignit l'arrière-garde ; mais il apprit bientôt que Merci, l'ayant deviné et prévenu, lui échappait encore. Cependant il le poursuit par de rudes chemins, découvre son arrière-garde, et bientôt, du sommet d'une montagne, aperçoit l'ennemi rangé en bataille dans des postes avantageux, et le général Rosen, qu'il avait envoyé en avant, près de l'attaquer avec huit cents hommes. Rosen attaque en effet, payant de courage et d'audace ; le duc vient à son secours, et Merci, dans sa retraite, abandonne son artillerie et ses bagages, après quoi il disparaît par le chemin de Filinghen. Condé le poursuivit encore, et ne s'arrêta qu'à plus de vingt lieues du champ de bataille son armée était réduite à six mille hommes.

Ainsi se termina la bataille de Fribourg, qui dura trois jours, fit couler tant de sang, valut à la France de si grands avantages et tant de gloire à Condé.

Au lieu d'attaquer Fribourg, Condé porta ses armes devant Philipsbourg, place plus importante, défendue par le colonel Bamberg, qui avait à sa disposition mille hommes environ, cent pièces de canon et une grande quantité de munitions de guerre et de bouche. Le duc se rendit d'abord maître du pays, puis il attaqua vigoureusement. Une sortie de l'ennemi fut repoussée, le camp gardé avec la plus grande vigilance et les travaux activés. L'approche de Jean de Vert, qui accourait avec sa cavalerie, rendait cette activité nécessaire. L'artillerie française, quoique bien inférieure à celle de l'ennemi, parvint cependant à faire taire son feu, et, le 12 septembre, après onze jours de tranchée ouverte, Bamberg rendit la place.

Merci reçut de l'empereur et de l'électeur de Bavière de nouvelles troupes, avec lesquelles il avança jusqu'à Heilbron, à quatorze lieues de Philipsbourg. Trop faible pour hasarder une bataille, mais admirablement bien retranché, Condé détacha une partie de ses troupes sous les ordres de Turenne, qu'il chargea de la conquête de Worms, d'Openheim et de Mayence. Cette dernière ville ne voulut ouvrir ses portes qu'au duc lui-même. Creutznach, Landau, devant laquelle mourut le marquis d'Aumont, Nieustadt, Manheim, Baccarah, Magdebourg, furent ensuite soumises.

« C'est ainsi que le duc d'Enghien, dit un de ses biographes, gagna, en moins de trois mois, trois sanglants combats, s'empara de quatorze places fortes, subjugua toute l'étendue du pays qui est entre la Moselle et le Rhin, le Palatinat entier, à l'exception de Frankendal, et tout le cours du Rhin, depuis Philipsbourg jusqu'à Hermestein, c'est-à-dire plus de quatre-vingts lieues de pays. Quand on considère que ce prince n'avait que cinq mille hommes d'infanterie et huit mille de cavalerie, qu'il était obligé d'affaiblir encore par des garnisons dans les places conquises, qu'il avait en tête un des plus grands généraux de l'Europe, avec une armée égale, au moins, à la sienne, on trouve moins étonnantes les conquêtes d'Alexandre et des Romains. » Condé s'était couvert de gloire et méritait les plus grands éloges.

Ces victoires augmentèrent l'autorité dont le duc devait jouir à la cour et au milieu des discordes qui se préparaient. Au commencement de la campagne suivante, Condé, à la tête de sept à huit mille hommes, arrêta le duc de Lorraine, et le força d'assister inutilement au siége et à la prise de la Mothe par le marquis de Villeroi. La mission de Condé était de se tenir prêt à tout événement, d'observer les succès ou les revers des différentes armées qui défendaient nos conquêtes, et de les secourir à propos. Bientôt, en effet, il fut appelé à réparer le désastre de Mariendal. Il joignit ses troupes à celles de Turenne, qui s'était réfugié chez le landgrave de Hesse. Les Suédois, sous Konigsmarck, et les Hessois, sous le baron de Geis, portaient cette armée à vingt-trois mille hommes. Avec de pareilles forces, Condé espérait aller dicter à l'empereur et à l'électeur de Bavière les conditions de la paix dans leurs capitales mêmes. Il marcha donc au général Merci, qui voulut d'abord retarder toute action décisive par les marches, les campements et les manœuvres dans lesquelles il avait prouvé tant d'habileté. Le duc se dirigea rapidement vers Hailbron, place d'une très-grande importance. Merci le prévint et arriva avant lui sur les hauteurs qui dominent la ville et le Necker. On prit le parti de marcher vers le Danube, d'attirer l'ennemi, de rebrousser chemin et d'enlever Hailbron. L'armée passa le Necker pour gagner le Tauber : tout le pays fut soumis. Rottembourg, où l'ennemi avait établi de grands magasins, fut prise en une nuit, et la garnison, comme celle de Vimphen, voulut obéir à Condé. Malgré la défection du général suédois, qui faillit entraîner le baron de Geis, le duc, presque entièrement maître de la Franconie, offrit inutilement la bataille à Merci, qui s'était fortifié à Veittewanch. Le général bavarois, sachant que les Français se dirigent vers Dunkespiel, se met en marche pour leur disputer cette conquête; mais Condé, averti de ce mouvement par un prisonnier français qui s'était échappé, va chercher l'ennemi et le rencontre au milieu d'une forêt. Pendant une journée entière on se canonna avec fureur. La bataille n'étant pas possible, et Merci se trouvant dans une position trop avantageuse, le duc décampa la nuit même et se présenta devant Nordlingue. Merci, de son côté, marcha à Donawert. Déjà Condé donnait ses ordres pour rebrousser chemin vers Hailbron, lorsqu'il apprit que Merci n'était plus qu'à une lieue et demie de l'armée française. Aussitôt il gagna la plaine : les Bavarois y étaient établis : leur position fit penser à Turenne qu'ils étaient inattaquables; Condé en jugea autrement. D'après la disposition des troupes, Grammont eut à combattre Jean de Vert, Turenne, le baron de Gleen, et Marsin, le comte de Merci : Condé devait être partout. L'infanterie bavaroise est d'abord chassée du village d'Allerheim; de nouvelles troupes l'y rétablissent, et Marsin est dangereusement blessé; mais le duc conduit lui-même à la charge tout ce qui lui reste d'infanterie. A la vue de ce mouvement hardi, Merci s'écrie : « La victoire est à nous, Dieu aveugle les Français. » En même temps il s'ébranle avec presque toutes les troupes du centre, et, bientôt après, il tombe au milieu des siens. Malgré cette perte terrible, les Bavarois firent de courageux efforts pour conserver le village qui fut emporté, à l'exception de l'église et d'une grande maison dans laquelle deux régiments résistèrent.

Cependant Jean de Vert fond sur Grammont, met ses

troupes en déroute, le fait prisonnier, disperse le corps de réserve malgré la valeur du comte de Chabot, poursuit les fuyards jusqu'aux villages où Condé a déposé ses bagages, est repoussé, revient sur ses pas, apprend la mort de Merci et la prise de Gléen, et se retire sur Allerheim. En effet, Turenne et Gléen ayant combattu avec un succès à peu près égal, Condé s'était avancé à la tête des Hessois, s'était emparé de l'artillerie et l'avait pointée contre les ennemis. Le général Gléen ayant été pris, et le village emporté de nouveau, il ne restait plus qu'à combattre Jean de Vert. Mais il profita du secours de la nuit pour se retirer à Donavert. Le lendemain Nardlingue ouvrit ses portes, et le prince, après avoir pris Dunkespiel, méditait d'autres conquêtes lorsqu'il tomba malade. Mazarin lui proposa, dès qu'il eut repris ses forces, d'entreprendre la réduction des places maritimes de la Toscane appartenant à l'Espagne; mais le prince de Condé s'opposa au départ de son fils.

La campagne de 1646, contre les Pays-Bas, fut dirigée par Gaston, qui n'était rien moins que guerrier, mais à qui la gloire du duc d'Enghien avait donné de l'émulation. Celui-ci accepta le commandement sous ses ordres.

Le duc d'Enghien opina pour traverser l'Escaut et attaquer l'ennemi qui couvrait Tournay. Gassion fut d'un avis opposé et proposa le siége de Courtray, qui fut adopté. Le duc d'Orléans investit cette ville pendant que le duc d'Enghien tenait en respect le duc de Lorraine pour couvrir le siége. Bientôt il fut obligé, par l'incapacité de Gaston, d'attaquer lui-même : la place fut prise, et la gloire en revint au duc d'Orléans. Après la prise de Mardick, Monsieur laissa le commandement en chef au duc d'Enghien, et quitta le théâtre de la guerre. Le siége et la prise de Dunkerque ajoutèrent à la gloire du jeune général. Il attaqua les murailles tandis que l'amiral Tromp en bloquait le port. La ville, défendue par une nombreuse garnison sous les ordres du marquis de Leyde, attendit en vain du secours de Piccolomini. Le duc d'Enghien pourvut à tout, s'exposa comme d'habitude, et força enfin la ville à se rendre (11 octobre 1646), après treize jours de tranchée ouverte. Fifer, Laval et Chabot moururent devant les murs de Dunkerque. La campagne se termina par le ravitaillement de Courtrai, sous les yeux de puissants ennemis. — Le 26 décembre 1646, le duc d'Enghien perdit son père et devint prince de Condé. — Indépendamment des établissements du feu prince, Mazarin fit obtenir à Condé le gouvernement de Bourgogne, de Bresse et de Berry, et celui de quelques places ; le prince fut investi de la charge de grand-maître de la maison du roi. Le cardinal avait eu dans le père un censeur impitoyable, le fils ne l'estimait pas davantage, et savait à quoi s'en tenir sur ses avances et son amitié. Mazarin voulant éloigner le duc, auquel ses qualités et ses succès donnaient trop de crédit, lui fit proposer le commandement de l'armée de Catalogne avec le titre de vice-roi. Condé accepta et se rendit en Catalogne au mois d'avril 1647. Arrivé au camp, il trouva le soldat mal payé, mal vêtu, mal nourri, et le pays hostile aux Français. C'est dans cette situation qu'il porta ses armes devant Lérida ; le comte d'Harcourt avait été forcé d'en lever le siége. La tranchée fut ouverte au son des violons ; mais Lérida, défendu par Grégoria Brit, résista à tous les efforts des Français qui perdirent à ce siège un nombre considérable d'officiers et de soldats. Cet échec fut dû surtout à la mauvaise foi du ministre, qui n'envoya pas les secours promis et fit faire cette expédition au plus fort de l'été. Il avait promis à Condé qu'il partirait au mois de mars. La prise d'Ager, et la terreur du marquis d'Aytonne ne consolèrent pas le prince dont l'armée était en proie aux maladies et à la désertion. Il se retira mécontent dans son gouvernement de Bourgogne.

L'époque de la fronde, page honteuse de notre histoire, ne présente que contradictions, incohérences, excès, caprices : on n'y découvre pas de voies droites et directement suivies, pas de but précis et peu de motifs avouables. Anne d'Autriche, impérieuse, mais gouvernée par Mazarin, qui, profondément ignorant en matière d'administration, subissait lui-même l'influence d'un surintendant taré, grand inventeur d'impôts, et fort indépendant en matière d'honneur et de probité ; le parlement, longtemps sourd et aveugle sous la main de fer de Richelieu, se réveillant enfin, mais dépassant bientôt ses pouvoirs et sa mission ; le peuple refusant de payer même les impôts les plus légitimes : les grands se faisant un jeu d'intrigues qui compromettaient le salut de l'état et donnant l'exemple de fréquentes apostasies ; le ministre tour à tour faible ou hardi, mais ne gardant jamais cette juste mesure, signe auquel on reconnaît les caractères fermes et puissants, et surtout les consciences pures ; oubliant sans peine les devoirs du sacerdoce et se livrant à des intrigues de toutes sortes ; tels sont les principaux éléments de trouble et de démoralisation qui signalent cette malheureuse époque. Cependant le parlement avait pris ouvertement parti pour les bourgeois mécontents. De concert avec le duc d'Orléans, le prince offrit sa médiation au parlement et au ministre ; le prince apaisa quelques émeutes ; mais les esprits étaient trop aigris pour se prêter à des vues de concorde. Mazarin, malgré les contradictions, avait rassemblé sur la frontière de la Picardie une armée de trente mille hommes. Condé fut chargé de combattre l'archiduc, qui, se sentant fort de la défection de la Hollande, méditait une invasion. Après avoir pourvu à la sûreté du Vermandois et du Santerre, le prince trompa l'ennemi par des marches et contremarches, et se dirigea vers Ypres pour en faire le siége : le maréchal de Grammont, Rantzau et Palluau, Châtillon, devaient partager la gloire de cette conquête. Cependant l'archiduc vint camper le 16 mai (1648), à la vue des lignes encore imparfaites des assiégeants. Après bien des attaques infructueuses, il disparut. La garnison d'Ypres fut battue à toutes ses sorties ; et la prise de cette ville, due en partie aux efforts d'un régiment polonais, consola la cour de la perte de Courtrai, que Palluau avait dégarnie pour suivre les instructions de Mazarin.

Condé, qui se préparait à attaquer Dixmude, reçut l'ordre d'appuyer l'entreprise de Rantzau contre Ostende. Les troupes du maréchal à peine débarquées furent, par un coup de vent, privées de leurs vaisseaux. Tout fut tué ou pris.

Le prince se trouvait dans une situation très-critique. Son armée était en proie à la disette, aux maladies contagieuses, à la désertion ; les soldats manquaient même de vêtements, les dissensions civiles privant le gouvernement des ressources nécessaires ; Condé prodigua son argent, emprunta même, et répondit à quelqu'un qui lui reprochait sa prodigalité : « Puisque j'expose tous les jours ma vie pour le salut de la patrie, je puis bien lui sacrifier ma fortune. Que l'état existe seulement, et je ne manquerai jamais de rien.»

Cependant les ennemis, au contraire, devenaient de jour en jour plus nombreux. Le comte de Fuensaldagne réduisit Furnes, abandonnée à ses propres forces malgré les conseils de Condé, qui vint lui-même à Paris demander des secours et obtint un renfort de quatre mille Veymariens. Son retour ne fut pas assez prompt pour empêcher la perte d'Éterre, échec que vengea Châtillon sur les bords de la Lave. Obligé de faire sa jonction avec les Veymariens conduits par le comte d'Erlach et de défendre à l'ennemi le passage de la Lys, le prince partagea son armée en deux corps couvrant Ypres et Dunkerque, et détacha quelques escadrons au-devant du général Erlach, qui bientôt arriva au quartier français. Après avoir repris Éterre, Condé suivit l'archiduc, et bientôt il découvrit quarante escadrons espagnols, allemands et lorrains rangés en bataille sur la hauteur de Lens. Notre armée n'était composée que de huit mille hommes d'infanterie et de six mille de cavalerie. Le prince commandait la droite, Grammont la gauche, Châtillon le corps de bataille, et Erlach la réserve. Les troupes ennemies, fortes de dix-huit mille hommes et défendues par trente-huit pièces de canon, étaient commandées en réalité par le général Beck qui dirigeait de ses conseils l'archiduc Léopold. L'aile droite était appuyée à la ville de Lens, qui s'était rendue dans la nuit. Le corps de bataille occupait plusieurs bourgs et hameaux; enfin l'aile gauche était postée sur une éminence.

Une retraite audacieuse exécutée à dessein par le prince, qui d'ailleurs ne pouvait camper sur un terrain sans fourrage et sans eau, détermine Beck à quitter sa position formidable; à la tête de huit escadrons, il se précipite sur l'arrière-garde; il est repoussé par la gendarmerie aux ordres de Châtillon, mais revient aidé de nouvelles troupes, culbute tout devant lui, effraye même les cavaliers dirigés par Condé. Cependant l'armée française s'était rangée sur une hauteur d'où elle pouvait à son tour se précipiter sur les ennemis en désordre: Beck reprit sa position et avertit l'archiduc qu'il eût à accélérer sa marche. Condé prend le commandement de l'aile droite, il donne neuf escadrons à Villequier et huit à Noirmontiers; l'artillerie marche sous les ordres de Cossé. L'aile gauche est confiée à Grammont, dont la première ligne marche avec Sénecterre et la seconde avec Duplessis-Bellièvre. A huit heures du matin l'armée s'ébranle et se met en marche. Léopold s'avance de son côté. Le prince de Salins, à la tête de la première ligne, court au galop sur la première ligne des Français, qui ne marchait qu'au pas. Les deux armées s'arrêtent. Les Espagnols tirent les premiers et reçoivent ensuite le feu des Français ; Condé se précipite sur l'escadron qui lui est opposé et le renverse ainsi que les Lorrains qui se présentent pour le soutenir. Le prince vole sur d'autres points, il rallie sa première ligne rompue par la seconde de Léopold. Alors commence un combat terrible. Pour décider la victoire en sa faveur, Condé fait avancer son corps de réserve; l'archiduc donne les mêmes ordres. Herlac attaque l'aile gauche et la réserve ; Grammont avec l'aile gauche de l'armée française, et Châtillon avec le corps de bataille repoussent l'aile droite des Espagnols, sont repoussés à leur tour et les mettent enfin en pleine déroute (28 août 1648). Lens et Furnes furent les fruits de la victoire.

Condé quitta l'armée de Lens et se rendit à Ruel, où il reçut la visite du coadjuteur, et se déclara pour la fronde, ou plutôt résolut d'amener la reine à quelque concession. D'un autre côté il écrivit au parlement ainsi que le duc d'Orléans, et des députés furent envoyés à Saint-Germain, où résidait la cour. Ces députés obtinrent tout ce qu'ils demandèrent, à la condition que le parlement ne s'assemblerait plus. Le retour du roi fut décidé, et les tailles diminuées d'un cinquième pour les années 1648 et 1649.

La violation de ce traité, la rentrée de Mazarin irritèrent le parlement. Condé, craignant que le trône ne fût ébranlé par cette assemblée qui, de jour en jour, devenait plus puissante, s'emporta et ne voulut pas rompre avec la cour. Sûre de son appui, la reine, le roi et les ministres se retirèrent à Saint-Germain. A cette nouvelle, le parlement s'assemble et prend des mesures pour la garde des portes, et lance contre Mazarin un édit de proscription. Une tentative de conciliation faite par des députés de la chambre des comptes, de la cour des aides et du corps de ville, échoua devant la reine et le prince : on se prépara à la guerre. Le prince de Conti fut nommé généralissime des troupe de la fronde : le coadjuteur menait tout.

Condé divisa l'armée royale, forte de neuf à dix mille hommes, en trois corps dont il donna le commandement à Duplessis-Praslin, qui alla occuper Saint-Denis ; à Palluau, qui s'établit à Sèvres, et à Grammont, qui campa à Saint-Cloud. Tous les postes aux environs de Paris furent gardés. Lagny et Corbeil furent emportés. Le duc de Beaufort fit une vaine sortie, le régiment de Corinthe ou du coadjuteur fut battu.

Cependant Paris était bien approvisionné, la circonvallation étant impossible, et les troupes de Saint-Germain manquaient de vivre : personne ne parlait de paix. Condé résolut d'attaquer Charenton, qu'il avait d'abord occupé, puis abandonné. Il voulait s'emparer des passages de la Brie, d'où Paris tirait ses plus grands secours. Il fit ses dispositions la nuit du 7 au 8 février 1649. Le marquis de Chanleu, qui commandait dans Charenton avec trois mille hommes, demanda du secours. On lui promit de le joindre au point du jour ; mais on ne lui tint pas parole. Condé de son côté divisa son armée de six mille hommes en deux parties, la cavalerie et l'infanterie, et la rangea en bataille depuis le coin du parc jusqu'à Conflans.

Dès que le jour parut, Châtillon commença l'attaque et enleva les retranchements qu'avait élevés Chanleu. Le vainqueur et le vaincu succombèrent. Condé pleura Châtillon et livra Charenton au pillage. Dans ce combat les frondeurs perdirent la plus grande partie de leurs troupes.

Le prince, trop faible, ne voulut point attaquer les troupes qu'on avait promises à Chanleu et qui n'arrivèrent qu'à sept heures, après la prise de Charenton. Le surlendemain, Beaufort et Lamotte protégèrent, malgré Grammont, l'entrée d'un convoi escorté par Noirmoutiers. Il était évident que la cour n'était pas assez forte pour continuer la guerre, malgré l'adre sse de Mazarin qui envoya huit cent mille francs à l'armée d'Allemagne, la détachant ainsi de Turenne qui se faisait frondeur. Des propositions de paix furent faites; le duc d'Orléans et le prince de Condé reçurent à Ruel les députés du parlement, et la guerre fut éteinte, ou plutôt interrompue. Mazarin, néanmoins, ne se croyant pas en sûreté à Paris, se retira avec la cour à Compiègne où Condé la suivit.

Bien qu'il se fût déclaré pour le ministre, le prince l'appréciait à sa juste valeur. Il exerçait contre lui son humeur satirique; mais il ne ménageait pas davantage le parlement et les bourgeois : aussi, à l'occasion d'un voyage qu'il fit à Paris et de la députation que le parlement envoya au-devant de lui, parut-il un libelle où le prince et la compagnie étaient également injuriés, le prince comme ennemi des frondeurs et *valet de Mazarin*, le parlement pour *avoir perdu toute honte et toute pudeur.*

Le service rendu à la cour et au ministre par Condé lui donnait à la reconnaissance de Mazarin des droits fort gênants pour ce dernier. Le prince, en effet, était le plus grand personnage de l'état, réunissant la naissance, le génie, et la sanction du génie, le succès. On craignait qu'il ne demandât trop ; on n'eût pas voulu lui accorder une position ou une influence qui l'eût rendu tout-puissant. Condé, nous l'avons dit, connaissait Mazarin ; il savait de plus que le ministre voulait se rendre puissant par des alliances. Déjà le prince s'était opposé au mariage d'une des nièces du cardinal avec le duc de Mercœur, de la maison de Vendôme. Il savait aussi que le chapeau de cardinal accordé à l'abbé de la Rivière briserait l'opposition du duc d'Orléans... Dans cette situation, Condé ne voulut pas quitter le théâtre de la fronde, c'est-à-dire de l'intrigue : il refusa le commandement de l'armée chargée d'assiéger Cambrai, et se retira dans son gouvernement de Bourgogne. Il revint au moment où le cardinal, après avoir échoué devant Cambrai, venait de négocier la paix avec quelques-uns des chefs de la fronde. Mazarin partit de Compiègne avec la régente, le roi, toute la cour, et rentra à Paris le 18 août 1649. Condé dit à la reine qu'il s'estimait très-heureux d'avoir accompli la promesse qu'il lui avait faite de ramener M. le cardinal à Paris. « Monsieur, répliqua la reine, ce service que vous avez rendu à l'état est si grand, que le roi et moi serions des ingrats, s'il nous arrivait jamais de l'oublier. » Quelqu'un dit alors au prince : « Je tremble pour vous de la grandeur de ce service. — Je n'en doute pas, répondit Condé ; mais j'ai fait ce que j'avais promis. »

En effet, le retour du roi et du ministre était en partie son ouvrage. Par les armes et par l'intrigue, à Charenton, à Paris, à Ruel, à Compiègne, en Bourgogne même, il avait exercé une influence décisive : néanmoins, il exagérait peut-être à dessein son importance et ses services. Mazarin et Condé demeurèrent ennemis secrets, ou du moins rivaux. Pour obtenir l'adhésion du prince au mariage projeté dont nous avons déjà parlé, le ministre lui proposa la principauté de Montbéliar. L'affaire ne fut pas terminée. Condé offrit d'envahir la Franche-Comté et de faire les frais de la guerre, à condition que cette province serait sa propriété : il s'engageait à céder à la couronne toutes les places qu'il avait en France pour s'en tenir à son patrimoine. Le cardinal refusa ; accepter eût été le comble de l'imprudence. Pour le dédommager et peut-être pour le brouiller avec le duc d'Orléans, Mazarin offrit à Condé l'épée de connétable que Gaston désirait. Le prince n'accepta point ; mais il demanda la charge d'amiral, que la reine s'était appropriée depuis la mort du duc de Brézé ; mais Mazarin se retrancha sur la renonciation qu'en avait faite le prince en acceptant comme indemnité Stenay, Clermont et Jamets.

Cependant Condé remporta sur Mazarin l'avantage, à l'occasion des troubles de la Provence et de la Guyenne. Le comte d'Alais, son parent, fut maintenu dans son gouvernement, et le duc d'Épernon, gouverneur de Guyenne, fut, par les priviléges qu'on accorda au parlement de Bordeaux, forcé de se retirer.

Bientôt Condé rompit ouvertement avec Mazarin, qui se refusait à accorder au duc de Longueville la possession du Pont-de-l'Arche, pour laquelle le demandeur s'appuyait sur une promesse non écrite; mais le duc d'Orléans, qui d'abord était passé du côté du prince et des frondeurs, amena, d'après les conseils de l'abbé de la Rivière, conseillé lui-même par Mazarin, une réconciliation faite aux conditions suivantes : M. de Longueville obtenait le Pont-de-l'Arche; le mariage de la nièce du cardinal avec le duc de Mercœur était rompu; les autres nièces ne se marieraient point sans le consentement de Condé; la charge d'amiral resterait vacante; on ne donnerait aucun emploi, aucun gouvernement, aucun bénéfice considérable sans la participation du prince; on ne mettrait point d'armée en campagne qu'il n'eût approuvé le choix des généraux et de tous les officiers. Ce traité fut signé par la reine, par le ministre et par Condé.

Peu de temps après cette réconciliation achetée si cher, on joua, pour détacher complétement le prince du parti de la fronde, une farce indigne. Un coup de pistolet fut tiré sur son carrosse; on accusa les frondeurs; Condé demanda l'expulsion de Beaufort et de Gondi. L'affaire fut même portée au parlement, où il fut prouvé que les témoins étaient payés par le ministre. Condé, dupe de Mazarin, ne put obtenir du coadjuteur qu'il feignît d'avoir tort et qu'il s'éloignât pour quelque temps.

Cependant Mazarin, honteux sans doute d'avoir cédé aux exigences du prince, n'ignorant ni les railleries dont il était l'objet, ni le mépris et peut-être la haine qu'il inspirait à un homme dont le caractère était l'opposé du sien, Mazarin, de concert avec la reine, avec le duc d'Orléans et avec le coadjuteur, résolut de se débarrasser d'un si puissant ennemi. Condé reçut des avis dont il ne tint pas compte : il ne croyait ni à cette audace ni à cette perfidie. Invité par la reine à se rendre avant elle au Palais-Royal, ainsi que le prince de Conti et le duc de Longueville, il obéit, fut arrêté avec son frère et le duc, et conduit à Vincennes, d'où il passa au château de Marcuossi, puis à la citadelle du Havre. La disgrâce du prince fut le signal de celle de tous ses amis; aussi son parti devint-il pendant sa captivité beaucoup plus puissant qu'il ne l'avait été. Les comtes de Tavannes et de Boutteville (Luxembourg) défendirent en Bourgogne la cause des princes. Pendant que Mazarin parcourait en vainqueur la Normandie, la Bourgogne, la Champagne, les duc de Bouillon et de Larochefoucauld tâchaient de soulever les provinces au delà de la Loire. La princesse de Condé se joignit bientôt à eux et gagna à sa cause la ville de Bordeaux. Enfin Mazarin eut à combattre Turenne et les Espagnols. Nous n'entrerons pas dans les détails de cette guerre civile et de tout ce qu'on fit à Paris pour obtenir, par les prières ou par les menaces, la liberté des princes. La reine et Mazarin furent enfin obligés de céder.

Mazarin voulut se donner l'honneur de cette délivrance. Il partit de Saint-Germain, alla dîner avec les prisonniers dans la citadelle du Havre ; à la fin du repas, il fit lever le pont-levis et leur rendit la liberté.

Dès son arrivée à Paris, le prince demanda deux gouvernements à la fois, celui de Guyenne pour lui et celui de Provence pour le prince de Conti, avec les droits régaliens, la possession libre des forts et des citadelles, tout ce qui pouvait le rendre indépendant. Le premier lui fut accordé; le second lui fut promis à condition qu'il empêcherait le mariage projeté entre le prince de Conti et mademoiselle de Chevreuse, attachée au parti de la fronde. La nomination de nouveaux ministres par Anne d'Autriche et sans l'avis du duc d'Orléans brouilla celui-ci avec le prince, qu'on accusa à tort d'avoir pris part à ce changement. Brouillé avec la fronde par la rupture du mariage projeté et par les intrigues du coadjuteur, brouillé avec le duc d'Orléans, dépopularisé par les pamphlets, auquel d'ailleurs il faisait répondre, Condé n'en attaqua pas moins Mazarin, accusé d'avoir volé plus de neuf millions ; l'affaire s'instruisit au parlement, qui rendit un arrêt contre les membres de la cour qui entretenaient des liaisons avec lui.

Doit-on croire que la reine, lasse de ne pouvoir soumettre le prince, voulut le faire assassiner ?...

Il paraît du moins que le bruit en fut répandu ; à la nouvelle de la marche de deux compagnies des gardes vers le faubourg Saint-Germain, Condé sortit de Paris à deux heures du matin, et se retira à Saint-Maur. Cette retraite fit la plus vive sensation. Le prince écrivit à son frère, qui présenta ses plaintes au parlement ; cette affaire occupa le parlement, la reine, Mazarin qui, de Brühl, continuait à gouverner, Gaston d'Orléans, le coadjuteur et tous ceux qui étaient engagés dans quelque parti. Condé demandait le renvoi des favoris de Mazarin. Celui-ci eut l'adresse de faire promettre cette concession. Le prince alors rentra à Paris et attendit, non sans être conseillé de tous côtés, et jeté dans des incertitudes continuelles : les siens l'excitaient vivement à la guerre ; on fut étonné du départ subit de sa sœur, la duchesse de Longueville, de sa femme et de son fils... Le 2 août 1651, s'ouvrit enfin la séance longtemps attendue, où la reine et le prince étaient appelés à s'expliquer. A cette séance Condé nomma ses ennemis, parla des intelligences que Mazarin

conservait avec la cour ; il rappela le mariage récent du duc
de Mercœur, enfin il accusa la cour d'avoir donné ordre au
maréchal d'Aumont de tailler en pièces les régiments de
Condé, d'Enghien et de Conti. Il fut décidé que le duc de
Mercœur serait mandé et interrogé sur son mariage ; que
les arrêts rendus contre les gens de Mazarin seraient exécutés
dans toute leur rigueur ; qu'Undedei, son favori et son agent,
en ce moment sur la route de Brühl, serait décrété de prise
de corps ; on déclara ennemi de la patrie ceux qui avaient
conseillé d'attenter à la liberté du prince, que l'on invita à
rendre ses devoirs au roi et à la reine. Il se rendit en effet
chez le roi et chez la régente dont il reçut le plus froid accueil. Un acte d'accusation fut rédigé et lu en présence du
roi, de la régente, des princes, du conseil, des principaux
membres du parlement, de la chambre des comptes ou grand
conseil, de la cour des aides du Châtelet et de l'hôtel de
ville. Cet écrit, dont les passages les plus graves accusaient
le prince d'avoir introduit des troupes espagnoles dans Stenay et d'avoir des intelligences avec l'archiduc, demandait
une réponse. Condé en présenta deux, l'une de lui, l'autre de
Gaston, déclaration favorable au prince. L'affaire fut remise
au 21 août. Les deux partis prirent leurs précautions, pré-
voyant le cas où l'on userait de violence. Mais ces précautions
même, et l'imprudence du duc de Larochefoucauld, qui faillit
étrangler le coadjuteur, furent sur le point d'amener l'effusion du sang. Cette journée n'eut d'autre résultat que d'irriter les partis. La reine, suppliée d'employer son autorité
pour rétablir la paix, défendit au coadjuteur d'entrer au
parlement. Le lendemain il fut arrêté que la reine justifierait
Condé des imputations publiées contre lui, et qu'il se ren-
drait auprès du roi pour l'aider à son ordinaire de ses conseils et de ses lumières. Mais la reine ne manqua pas de
prétextes pour retarder l'enregistrement des déclarations de-

mandées par le prince, l'une en sa faveur, l'autre contre Mazarin.

Condé, voulant enfin forcer la cour à une décision, quitta Paris, se dirigea vers la Normandie, où il essaya en vain d'engager dans des mesures vigoureuses le duc de Longueville, puis il gagna la Guyenne ; à son arrivée à Bordeaux, il fut accueilli avec joie par le peuple et le parlement, et se vit bientôt à la tête de dix à douze mille hommes. A cette nouvelle, la cour part pour Fontainebleau, d'où elle gagne Bourges et pousse jusqu'à Poitiers. Le coadjuteur devait, en son absence, gouverner les esprits.

Le prince avait tout fait pour acheter l'appui de Bouillon et de Turenne ; il ne put réussir ; mais il obtint d'autres secours : Marcin quitta la Catalogne pour le rejoindre, le maréchal de la Force et le comte de Dognon levèrent l'étendard de la révolte, l'Espagne et l'archiduc lui promirent un concours actif. Cependant Dognon livra à l'armée du roi Brouage et la Rochelle. Rohan-Chabot rendit Angers, et Cognac résista aux armes des révoltés. Les succès de Condé se bornèrent à la prise d'Agen et de Saintes.

Le prince et la cour continuaient leurs négociations ; Anne d'Autriche cherchant à tromper et à gagner du temps, le prince ne voulant rien céder de ses prétentions, surtout en ce qui concernait l'exil de Mazarin. Celui-ci, de son côté, ne restait pas inactif. Il levait des troupes à ses frais pour les joindre à celles du roi, devenu majeur. Le parlement rendit contre lui deux arrêts, malgré lesquels le cardinal parut avec huit mille hommes. Nouvel arrêt qui n'empêcha pas le roi de recevoir comme un père celui dont la mauvaise politique et les intrigues avaient allumé la guerre civile.

Cependant Condé avait à combattre le maréchal d'Harcourt. Après avoir confié la défense de l'Angoumois et de la Saintonge au prince de Tarente et au comte de Dognon, il fait embarquer une partie de son infanterie à Falmout sur des barques qui devaient la transporter à Bordeaux, et prend lui-même la route de cette ville avec toute sa cavalerie, vingt escadrons. D'Harcourt le suit, donne une partie de ses troupes à d'Aubeterre et se réserve l'autre. Le prince fit marcher un régiment sous les ordres de Baltazar, afin de repousser d'Aubeterre, et pour couvrir la manœuvre par laquelle il se plaça sur une hauteur avec tant d'habileté que ses troupes, peu nombreuses, paraissaient former un corps considérable. Le comte rebroussa chemin, et Condé prit la route de Bergerac qu'il fortifia ainsi que Libourne et les autres places qui couvraient Bordeaux. Saint-Luc, lieutenant du roi en Guyenne, fut battu près d'Agen et poursuivi jusque sous les murs de Montauban. L'infanterie s'était défendue bravement dans Miradoux, et d'Harcourt vint la délivrer, forçant Condé, par la supériorité du nombre, à repasser la Garonne ; mais ce maréchal fut obligé de lever le siége d'Agen, défendue par le prince.

Quoiqu'il eût été déclaré criminel de lèse-majesté, Condé se détermina à aller à Paris. La défaite d'Harcourt, la position du parti de Condé dans toute la Guyenne, l'entrée en France du duc de Nemours à la tête des vieilles troupes de Stenay, fortifiées de quelques régiments espagnols, l'appui du duc d'Orléans qui levait des troupes contre le roi, lui firent juger ce moment opportun. Il prit le commandement de ce corps d'armée, s'empara de Montargis. Le roi était à Gien ; Turenne avait son quartier général à Briare, et d'Hocquincourt avait le sien à Bléneau. Le prince tailla en pièces les troupes d'Hocquincourt. A cette nouvelle, Turenne sortit de Briare et se mit en bataille près du village d'Ençoy. Après un combat remarquable par les manœuvres, Turenne gagna Gien, et Condé Châtillon. La cour était effrayée, mais elle se rasura lorsque le prince quitta son armée pour se rendre à

Paris. Condé victorieux se présenta, avec le duc d'Orléans, au parlement, à la cour des aides et à l'hôtel de ville; on enregistra ses déclarations, qui, comme les précédentes, demandaient l'exécution des arrêts lancés contre Mazarin.

Cependant la cour partit de Gien et s'avança jusqu'à Moret, couverte par l'armée de Turenne et d'Hocquincourt; puis elle gagna Saint-Germain, tandis que les troupes royalistes poussaient jusqu'à Palaiseau. Aussitôt Saint-Cloud, le pont de Neuilly et Charenton reçoivent des garnisons; Turenne attaque le pont de Saint-Cloud et se retire; Condé court sur Saint-Denis avec quelques volontaires et emporte la ville qui, deux jours après, passa au pouvoir des royalistes. Quelques jours après, sur les remontrances du parlement, il fut convenu entre le roi et les princes qu'ils éloigneraient leurs armées à dix lieues de Paris, et Turenne leva le siége d'Étampes, défendue par Tavannes. Mais Mazarin viola sa promesse; il fit camper près d'Épinay les troupes aux ordres du vicomte. Aussitôt Condé s'établit à Saint-Cloud; Turenne se prépare à l'attaquer, mais le prince lève son camp et perd quelques hommes de son arrière-garde, en se dirigeant vers Charenton. Il gagna le faubourg Saint-Antoine vers les sept heures du matin. La position était critique. Les troupes de Turenne étaient beaucoup moins fatiguées que celles du prince; elles étaient plus nombreuses. Mazarin conduisit le jeune roi et toute sa cour sur les hauteurs de Charonne pour qu'il fût spectateur du combat qui allait être livré. Anne d'Autriche, restée à Saint-Denis, envoya son carrosse auprès du champ de bataille pour lui amener Condé prisonnier.

Celui-ci ne cacha pas aux siens la grandeur du péril, mais il profita de toutes les ressources que lui offraient les circonstances et son génie. Quelques retranchements que les habitants du faubourg Saint-Antoine avaient élevés pour arrêter les brigandages de ces Lorrains que Turenne avait forcés à la retraite, devinrent, ainsi que les barrières, des remparts auxquels furent ajouté des barricades. En peu de temps, Condé se vit en état de résister à Turenne, qui avait rangé son armée sur une ligne courbe à peu près, depuis Charonne jusqu'à la Seine. L'action commença entre un gros bataillon détaché par Turenne, d'après les ordres réitérés de Mazarin, qui l'accusait de trop de lenteur, et le prince lui-même, entouré d'homme dévoués. Sur ce point, les troupes royalistes sont battues. Mais le marquis de Saint-Maigrin emporte les retranchements de la rue de Charonne et pousse jusqu'à Condé, qui rétablit ses troupes dans les postes enlevés. Plus loin, sur la gauche, les maisons et les jardins où s'était embusquée une grande partie des troupes rebelles, sont attaqués : on combat avec fureur, à coup de pistolet, de pique, de sabre et de pierres même qu'on arrache des débris des maisons écroulées. Là encore, Condé paraît et décide la victoire. Cependant Nemours ne pouvait résister à Navailles qui avait emporté les retranchements, la barrière et la barricade de la rue de Charenton; le prince vole à son secours : Navaille recule, et en bon ordre. Mais l'action la plus importante s'était engagée au haut de la grande rue du faubourg. Turenne, à la tête de ses principales forces, avait emporté et détruit les retranchements, les barrières et les barricades, et s'avançait malgré le feu de Valon et de Clinchamp. Mais Condé parut, et repoussa l'ennemi presque jusque dans la plaine. Ce n'était que par un effort désespéré que les assiégés avaient trouvé une si grande vigueur. Turenne revint avec des troupes fraîches et s'avança jusqu'à l'abbaye de Saint-Antoine. Condé, voyant les siens accablés, gagne la tête des fuyards, marche d'abord au pas, forçant ainsi ses troupes à se former malgré elles. Arrivé aux halles, tout à coup il fait volte face, se précipite sur l'ennemi et le repousse à son tour. Navailles revient, il est de nouveau repoussé ; mais l'ennemi avait fortifié les barricades : Beaufort, Nemours, Larochefoucauld, Marsillac s'exposent aux plus grands dangers pour les reprendre et les garder. Enfin la lassitude força les deux armées à cesser le combat : repos favorable à Turenne, qui attendait la Ferté avec des troupes fraîches. Le prince allait donc se trouver attaqué et presque enveloppé par un ennemi de beaucoup supérieur en force et dans l'impossibilité de se mettre à couvert dans Paris, car les habitants n'étaient pas disposés à recevoir des troupes, et d'ailleurs le parti des princes était depuis longtemps séparé de celui de la fronde. Les efforts du duc de Beaufort et les instances faites auprès du duc d'Orléans étaient restés sans effet. Déjà la Ferté s'avançait, l'armée ou plutôt la troupe de Condé allait tomber, ainsi que ses chefs, entre les mains des ennemis, lorsque mademoiselle de Montpensier, fille de Monsieur, arrache un ordre qui lui donne d'assez grands pouvoirs pour sauver le prince et les siens, fait tirer le canon de la Bastille sur les royalistes ; un boulet, dit-on, arriva même jusqu'aux pieds de Mazarin, tandis que les rebelles entraient dans Paris dont Mademoiselle leur avait fait ouvrir les portes. Le prince traversa Paris, alla camper au faubourg Saint-Victor, et revint le même jour se montrer aux Parisiens. Le lendemain, il alla à l'hôtel de ville avec le duc d'Orléans et proposa d'adopter un plan de défense contre Mazarin ; cette proposition fut accueillie très-froidement. On ne pourrait affirmer que les princes, pour se venger de cette froideur, aient été les moteurs de l'attaque qui fut dirigée contre l'hôtel de ville et des excès qui suivirent. Le coadjuteur ignorait-il ce qui devait se passer ?

Cependant Mazarin était toujours l'objet de la haine et des attaques du parlement et des princes. Ceux-ci devaient poser les armes après son éloignement. Mais la cour, forte du mécontentement des Parisiens qui se plaignaient des troupes de

Condé, transféra le parlement à Pontoise. Quatorze membres seulement s'y rendirent. Il y eut donc deux parlements opposés l'un à l'autre. Quant au ministre, il se retira à Bouillon.

Tant de combats inutiles, tant d'intrigues basses, tant de mensonges, de calomnies, aigrirent et exaspérèrent le prince. Il avait d'ailleurs pour ennemis la cour, le ministre, une grande partie du parlement, le coadjuteur et les bourgeois. Il partit pour la Flandre avec le duc de Lorraine, que l'Espagne avait envoyé de nouveau en France pour le soutenir. Le roi rentra à Paris, publia une amnistie générale qui d'ailleurs ne fut qu'un nouveau mensonge : le prince, depuis cinq jours, s'était mis au service de l'étranger. On ne peut excuser cette action ; mais Condé, entouré d'ennemis lâches et faux, pouvait croire sa tête en jeu. Fortifié par un corps considérable de Wirtembergeois, d'Espagnols et de Lorrains, il prit Sainte-Ménehould, Rethel, Mouron, Château-Porcien, Bar et Ligny, et reçut de Philippe IV les patentes de généralissime des armées espagnoles. Jaloux de ce titre, le duc de Lorraine se retira, et Turenne profita de cette défection pour attaquer avec des forces supérieures. Le prince voulait pénétrer dans le cœur de la France, rallier les restes de sa faction et profiter du mécontentement que les impôts de Mazarin avaient accru ; mais l'Espagne le laissait manquer d'argent et de troupes. Néanmoins il passa la Somme, jeta l'épouvante dans toute la Picardie, et effraya tellement Mazarin que celui-ci lui fit offrir la souveraineté de trois villes et d'autres avantages. Mais Condé, engagé envers l'Espagne, et se méfiant avec raison du cardinal, refusa. C'est alors qu'il fut déclaré criminel de lèse-majesté.

Cependant Turenne prit Stenay et marcha sur Arras que bloquait le prince. Celui-ci voulait attaquer brusquement le vicomte avant qu'il se fût retranché dans son camp ; mais Fuensaldagne s'y opposa, et Turenne échappa à une défaite

certaine. Bientôt le maréchal d'Hocquincourt ayant joint
Turenne avec un corps considérable, les alliés eurent à
combattre contre des troupes supérieures en nombre. Néanmoins la vigoureuse attaque du prince ayant enfoncé les corps
d'Hocquincourt et de la Ferté, Turenne eût sans doute été
battu sans la fuite honteuse des Lorrains. Condé se détermina à la retraite et sauva son armée, disputant pied à
pied les défilés et toujours payant de sa personne. Turenne termina la campagne par la prise de plusieurs places,
tandis qu'en Guyenne le parti de Condé faisait des pertes
irréparables; il fut bientôt concentré dans la seule ville de
Bordeaux.

Le commencement de l'année 1654 fut marqué par le
procès criminel et par l'arrêt rendu contre Condé. Cet arrêt
retranchait Louis, prince de Condé, de la race de Bourbon,
le privait de son nom, de ses biens, de ses honneurs et de la
vie qu'il devait perdre dans la forme et l'appareil qu'il plai-
rait à Sa Majesté d'ordonner, et déclarait sa postérité déchue
du droit de succéder à la couronne.

Cependant quinze mille hommes, conduits par Fabert,
s'avancent devant Stenay, et dix-huit mille, aux ordres de
Turenne et de la Ferté, couvrent le siége. A cette nouvelle,
Condé presse les Espagnols de marcher au secours de la
place; rencontrant, comme toujours, de la mollesse et des
objections inutiles, il propose le siége d'Arras, qui enfin est
résolu; mais Fuensaldagne ouvre un avis contraire à celui
du prince; on attaque la ville par l'endroit le plus fort.
Condé voudrait aller au-devant de Turenne, qui s'avance
pour le combattre; Fuensaldagne et l'archiduc veulent continuer le siége. Pour comble de malheur, on apprit la prise
de Stenay et l'on se trouva bientôt resserré entre Arras et les
troupes françaises aux ordres de Turenne, de la Ferté et
d'Hocquincourt. Condé sauva ses alliés d'une ruine complète;

seul il obtint quelque succès dans cette affaire, et, par une retraite des plus belles, il gagna Cambrai. Les contradictions incessantes produites par l'incapacité et par la jalousie de ses alliés réduisirent le prince à être, pendant toute la campagne, spectateur des succès de Turenne. Cependant les intrigues de madame de Châtillon furent sur le point d'être plus puissantes que les armes des alliés. Elle lutta pour séduire Hocquincourt contre Mazarin, qui enfin la fit arrêter. La défection du maréchal eût donné une nouvelle force au parti de Condé.

Le combat livré sous les murs de Valenciennes par Condé et don Juan d'Autriche, qui avait remplacé l'archiduc, rétablit pour quelque temps la fortune du prince : il commendait en chef. La prise de Saint-Guillain, et l'entrée de Condé dans Cambrai entourée de Français, coup hardi qui étonna Turenne, changèrent le théâtre de la guerre. Le vicomte jette les yeux sur le Luxembourg, Condé se dirige sur Arras. Là il propose de marcher vers Paris, profitant ainsi de l'avance qu'il a sur l'ennemi ; mais on délibéra longtemps, et Turenne arriva bientôt pour couvrir les principales places du royaume. La prise de Montmédi, de Saint-Venant, avant laquelle Boutteville fit une si belle manœuvre, et la prise de Mardick furent les derniers succès obtenus par les Français en 1657. Après une cruelle maladie, Condé eut à défendre Dunkerque assiégée par la France et l'Angleterre. Dans cette circonstance, il agit suivant des avis contraires au sien : l'événement justifia ses prévisions. Sans canon, avec des troupes inférieures en nombre à celles des ennemis, mal secondé d'ailleurs, il se retira après avoir combattu avec intrépidité. La bataille des Dunes, la prise de Dunkerque, de Bergues, de Furnes, de Dixmude, de Gravelines, de Menin, d'Ypres, terminèrent la campagne et la guerre. La paix des Pyrénées régla les intérêts du prince. Le ministre espagnol tendit un piége à Mazarin. Il convint que le prince rentrerait en France dépouillé de ses biens, de ses charges, de ses gouvernements; mais il insinua que, dans ce cas, l'Espagne, en récompense de ses services, serait obligée de lui créer un établissement dans les Pays-Bas. Il fut enfin arrêté que Condé serait rétabli dans ses honneurs, ses biens, ses titres et ses gouvernements ; que le duc d'Enghien, son fils, aurait la charge de grand-maître avec un brevet de survivance pour monsieur le Prince ; on lui permettrait de recevoir un million d'écus de l'Espagne, sans compter les subsides qui lui étaient dus par cette couronne, et qui montaient à cinq millions. A ces conditions, Condé remettait au roi les places de Rocroi, du Câtelet, de Hesdin et de Linchamp, dont il était encore en possession.

Condé revint à Paris et fut présenté à Mazarin, qui mourut bientôt après. De 1660 à 1667, il n'y a rien de remarquable dans la vie du grand Condé, si ce n'est le mariage de son fils avec la princesse Anne de Bavière, le chagrin qu'il éprouva en se voyant écarté du commandement des armées et les soins qu'il donna à sa retraite de Chantilly. Enfin, Louvois, jaloux de Turenne, fit donner au prince le commandement des troupes destinées à envahir la Franche-Comté. Les préparatifs se firent avec le plus grand secret ; le 7 février 1668, Condé entre dans Besançon, et Luxembourg (Boutteville), prend Salins. La prise de Dôle et celle de Gray achevèrent la conquête de la Franche-Comté. Le roi donna au grand Condé le gouvernement de cette province qu'il lui avait conquise en trois semaines.

Pendant la guerre de 1672 contre la Hollande, le roi s'inspira des conseils du prince et de Turenne. Le premier prit Wesel, Emmerick, réduisit en deux jours les forts de Hulst, de Darkel, de Quessel, de Doetckum. La terreur qu'inspire son nom ouvre les portes de Réez, malgré les efforts du gouverneur. Ce fut Condé qui prépara et fit exécuter le célèbre passage du Rhin que d'ailleurs on a trop vanté : ce prince y fut blessé et y perdit son neveu le duc de Longueville. Il visita avec Vauban les bords du Rhin, de la Moselle et de la Meuse, et mit le royaume à couvert d'une invasion pendant le reste de la guerre. — En 1673, Condé fut chargé de maintenir le prince d'Orange en échec et de le concentrer dans ses marais. Il ne put en effet livrer bataille; mais il conserva toutes les conquêtes du roi en Hollande, et sauva la Flandre française. Turenne avait été réduit par Louvois à la même inaction. Le princes et le vicomte résolurent de se plaindre : Condé se laissa toucher par le Tellier; mais Turenne persista et reçut du jeune ministre des excuses que celui-ci ne lui pardonna pas. — En 1674, Louis XIV ayant besoin de toutes ses forces pour résister aux ennemis coalisés que son ambition lui avait suscités, fit évacuer la Hollande. Luxembourg, chargé de ramener les troupes, les otages, la caisse et l'artillerie, pouvait être attaqué dans cette longue retraite par trois armées dont la plus faible égalait la sienne. Condé, le duc d'Enghien et Turenne durent le protéger. Mais Condé apprit sur la frontière de Flandre le succès de son élève ; il retourna à la cour et concerta avec le roi le plan d'une nouvelle campagne. Pendant que les troupes françaises envahissaient la Franche-Comté, le prince arrêtait dans les Pays-Bas, avec une poignée d'hommes, toutes les forces de l'Espagne et de la Hollande. Bientôt il se trouva à la tête de quarante-cinq mille hommes. Il est vrai qu'il avait à en arrêter ou à en combattre soixante-dix mille. Le prince d'Orange voulut s'avancer entre les places conquises dans la dernière guerre et tomber sur le Quesnoi : le 11 août, à la pointe du jour, il décampait de Senef, à la vue des Français. Condé envoie aussitôt le comte de Choiseul observer les mouvements des premières colonnes ; il charge

le marquis de Montal de l'attaque de Senef. Fourilles charge
six escadrons postés à la pointe d'un bois ; Condé se met à
la tête des gardes du corps , des gendarmes et des chevau-
légers de la garde, avec Enghien, Navailles, Luxembourg et
Rochefort, pour combattre le prince de Vaudemont qui com-
mande quatre mille chevaux dans une excellente position.
Vaudemont est battu et Senef emporté. Condé marche à la
hauteur où la moitié de l'armée ennemie l'attendait en bataille,
il la bat et la met en fuite malgré la plus vigoureuse résistance.
Le vainqueur ne s'arrêta que lorsque les fuyards se furent
mis en sûreté au village du Faith, derrière lequel le prince
d'Orange s'était rangé en bataille. Cette position était formidable ; aussi, malgré les charges furieuses des Français, qui
ne cessèrent d'attaquer que lorsque la lune eut disparu, vers
les onze heures du soir, les alliés restèrent dans leurs postes.
Les Français avaient été foudroyés par une artillerie à laquelle
ils n'avaient pu répondre, la leur étant restée au camp ainsi
qu'une partie de l'infanterie. Condé , dans ce combat, avait
couru les plus grands dangers. L'artillerie et l'infanterie arrivèrent enfin. Le prince voulait recommencer le combat ;
mais l'ennemi quitta le champ de bataille, marquant sa retraite
par des décharges de mousqueterie. Sans les Suisses qui,
dans cette affaire, se conduisirent avec faiblesse, la victoire
eût été complète, et le prince d'Orange n'aurait pu se l'attribuer. Vingt-sept mille hommes, français ou ennemis, étaient
restés sur le champ de bataille. Cette journée mit la France
à l'abri de l'invasion. En 1675, Condé fondit sur les Pays-Bas
avec soixante mille hommes. Créqui, Hui, Limbourg, Tir-
lemont, Saint-Tron sont emportées.

Cependant la mort de Turenne livre l'Alsace à Montecuculli : Condé lui fut opposé. Dans cette campagne, il prouva
qu'il savait au besoin attendre , se modérer et se tenir sur
la défensive. C'est en ne combattant pas qu'il força l'habile

Montecuculli à repasser le Rhin. « Comprenez un peu, écrivait madame de Sévigné, ce que c'est que le grand prince de Condé qui se retranche et envisage le mois d'octobre et la goutte. » En effet, le prince malade, et presque perclus, avait fait acte de dévouement dans ses dernières campagnes. Celle-ci termina sa carrière militaire.

Retiré à Chantilly, il en fit une demeure magnifique, et s'y occupa des arts, des lettres et des sciences. L'éducation de son petit-fils, la protection qu'il accorda aux hommes illustres de ce siècle, des études et des entretiens qui l'éclairèrent sur la religion et sur les devoirs qu'elle impose, occupèrent ses dernières années. Il mourut le 11 décembre 1686.

Le grand Condé avait un génie presque universel; mais il était capitaine avant tout. Trop droit pour avoir l'habileté de Mazarin, trop digne pour lutter d'intrigues contre le coadjuteur, trop loyal pour ne pas être profondément blessé des manques de foi dont il fut si souvent victime, on peut dire que ses qualités mêmes s'opposèrent à ses succès dans les guerres civiles. Toujours vainqueur lorsqu'il eut le commandement en chef, il sut réparer les fautes de ses alliés lorsqu'il commandait en second. Les plus grands généraux du siècle ont été ses émules ou ont fléchi devant lui. On lui a reproché, avec raison peut-être, d'être trop prodigue du sang de ses soldats, mais il s'exposait lui-même avec témérité. D'ailleurs la lenteur et la circonspection qu'il trouva toujours dans ses ennemis ou ses alliés devaient être vaincues par la hardiesse et les coups décisifs. S'il eût manœuvré comme eux, les guerres eussent été interminables. Il était humain; des lettres écrites à Louvois prouvent qu'il n'était pas insensible aux malheurs causés par la guerre. On lui attribue un mot cruel que nous ne répétons pas; mais ce mot, qui a été mis dans la bouche de tant de généraux, n'a peut-être jamais été prononcé par eux.

Condé fut injuste envers sa femme, faible avec sa sœur et

d'autres conseillers qui l'ont poussé trop avant dans la rébellion ; on l'a aussi accusé d'ingratitude. Il est pourtant certain que dans les traités qu'il arracha à Mazarin il n'oublia jamais ses amis. Il ne fut point avare comme on l'a dit : Gourville employa sa rare habileté à rétablir ses affaires, compromises par ses malheurs et par la facilité avec laquelle il suppléait à l'indigence du gouvernement.

Au reste, pour bien connaître ce grand homme, qu'on lise et qu'on relise son oraison funèbre par Bossuet.

LE FILS ET LE PETIT-FILS DU GRAND CONDÉ.

I. Henri-Jules de Bourbon, prince de Condé, grand-maître de France, chevalier des ordres du roi, gouverneur de Bourgogne et de Bresse ; duc de Bourbonnais, d'Enghien, de Montmorenci, de Châteauroux et de Bellegarde, comte de Clermont en Argonne, de Clermont en Beauvoisis, de Charolais, de Gex, de Chateaubriant et de Valeri ; seigneur de Chantilly, etc., né le 29 juillet 1643.

Ce prince, connu d'abord sous le nom de duc d'Albret, puis sous celui de duc d'Enghien, a peu marqué dans l'histoire. Son caractère pacifique l'éloigna de la profession des armes. Dans le cours de l'année 1663, il épousa Anne de Bavière, fille d'Édouard de Bavière, prince palatin, et d'Anne de Gonzague-Clèves, dite princesse palatine, qui joua un rôle dans les guerres de la Fronde. La jeune duchesse d'Enghien, modèle de vertu, eut beaucoup à souffrir des brusqueries de son mari sombre et jaloux. Les mémoires du temps disent que dans les dernières années de sa vie il fut frappé d'une espèce de démence qui le jetait parfois dans un délire furieux : ce prince donna en mourant des marques de raison et d'une piété réelle. Il mourut le 1er avril 1709, dans sa soixante-sixième année. Son cœur fut déposé dans l'église des jésuites, et son corps conduit à Saint-Valeri. Il eut de son mariage :

1° Henri de Bourbon, mort à l'âge de trois ans et demi ;

2° Louis III, duc de Bourbon (*voir* ci-après II) ;

3° Henri de Bourbon, comte de Clermont, mort à trois ans ;

4° Louis-Henri de Bourbon, comte de la Marche, décédé avant sa quatrième année révolue ;

5° Marie-Thérèse de Bourbon, mariée à François-Louis de Bourbon, prince de Conti;

6° Anne de Bourbon, morte dans sa sixième année;

7° Anne-Marie-Victoire de Bourbon, appelée *Mademoiselle de Condé*, née le 11 août 1675, morte le 23 octobre 1700, âgée de vingt-cinq ans, célèbre par sa bonté et sa charité. Elle disposa de tout son bien en faveur des pauvres, après avoir obtenu le consentement de ses parents;

8° Anne-Louise-Bénédicte de Bourbon, épouse de Louis-Auguste de Bourbon, duc du Maine, légitimé de France;

9° Marie-Anne de Bourbon, épouse de Louis-Joseph, duc de Vendôme;

10° N... de Bourbon, morte âgée de dix-sept mois.

Henri-Jules, prince de Condé, eut de Françoise de Montalais, veuve de Jean de Beuil, comte de Marans, grand échanson de France : Julie de Bourbon, demoiselle de Chateaubriant, née en 1668, légitimée en 1692, mariée à Armand de l'Esparre de Madaillan, marquis de Lassay, chevalier des ordres du roi, morte le 10 mars 1710, âgée de quarante-deux ans.

II. Louis III, duc de Bourbon, prince de Condé, duc d'Enghien, de Châteauroux, de Guise et de Bellegarde; comte de Clermont en Argonne, de Clermont en Beauvoisis, de Charolais, de Gex et de Chateaubriant; grand-maître de France, chevalier des ordres du roi, gouverneur de Bourgogne et de Bresse, etc.

Ce prince, né à Paris le 10 octobre 1668, doué de belles qualités, fut l'objet des affections de Louis XIV, qui lui fit épouser Louise-Françoise de Bourbon, dite *Mademoiselle de Nantes*, sa fille naturelle, et le combla de faveurs. Bien différent du prince de Condé, son père, il se distingua dans la carrière des armes, principalement à la bataille de Steinkerque, avec les ducs d'Orléans et de Vendôme, ainsi que dans plusieurs autres rencontres; mais parce qu'il n'eut jamais de commandement en chef, son nom est moins connu. Il mourut le 4 mars 1710, et fut enterré à Saint-Valeri.

Il eut de son épouse :

1° Louis-Henri de Bourbon;

2° Charles de Bourbon, comte de Charolais;

3° Louis de Bourbon, comte de Clermont, dont nous parlerons ailleurs;

4° Marie-Anne-Gabrielle-Éléonore de Bourbon, abbesse de Saint-Antoine-lès-Paris, née le 22 décembre 1690, morte en 1760 ;

5° Louise-Élisabeth de Bourbon (*Mademoiselle de Bourbon*), née le 22 novembre 1693, mariée à Louis-Armand de Bourbon, prince de Conti, veuve en 1727, morte quelques années après ;

6° Louise-Anne de Bourbon, appelée *mademoiselle de Charolais*, née le 23 juin 1695, morte sans alliance en 1758 ;

7° Marie-Anne de Bourbon (*Mademoiselle de Clermont*), surintendante de la maison de la reine, née le 16 octobre 1697, morte en 1741 ;

8° Henriette-Louise-Marie-Françoise-Gabrielle de Bourbon (*Mademoiselle de Vermandois*), abbesse de Beaumont-lès-Tours, illustre par sa piété et sa bienfaisance, née en 1703, morte au couvent ;

9° Élisabeth-Alexandrine de Bourbon (*Mademoiselle de Sens*), née le 5 septembre 1705, morte en 1765.

Enfant naturel et légitimé : Louise-Charlotte de Bourbon, mariée à Nicolas de Changy, comte de Roussillon, mestre de camp de cavalerie.

PRINCES DE LA MAISON DE CONTI SOUS LE RÈGNE DE LOUIS XIV.

I. Armand de Bourbon, prince de Conti, pair de France, comte d'Alais et de Beaumont, baron de La Fère en Tardenois, seigneur de Pézénas, de Bagnols et de l'Ile-Adam, chevalier des ordres du roi, gouverneur de Champagne et de Brie, et ensuite de Languedoc, etc., fils puîné de Henri II de Bourbon, prince de Condé, et de Charlotte de Montmorenci, par conséquent frère du grand Condé, naquit à Paris le 11 octobre 1629, fut baptisé à Saint-Sulpice, et tenu sur les fonts sacrés par le cardinal Armand-Jules de Richelieu.

Destiné à l'état ecclésiastique, on le pourvut, en 1642, des abbayes de Saint-Denis en France, de Clugny, de Lérins et de Molème. Mais il laissa bientôt ces riches bénéfices pour embrasser le parti des armes ; son début ne fut pas heureux. Compromis pendant les guerres de la Fronde, et engagé dans les mouvements qui eurent lieu en Guienne, il fut arrêté avec le grand Condé et le duc de Longueville, et conduit à Vincennes, puis au Havre, d'où le cardinal le fit sortir en 1651. Il suivit de nouveau la fortune du prince son frère, et participa aux seconds troubles survenus à Paris en 1652 ; mais, bientôt après, il revint à la cour, et épousa la nièce du cardinal de Mazarin, Anne-Marie-Martinezzi, fille puînée d'un gentilhomme romain. Ce mariage, que les parents désapprouvèrent fortement, fut pourtant très-heureux.

Après une courte expédition en Catalogne, où il prit seulement trois villes, une campagne encore moins brillante en Italie, pendant l'année 1657, ce prince se borna aux fonctions administratives de son gouvernement de Languedoc; puis, détrompé des grandeurs du monde, il se retira avec sa femme à Pézénas, où il mourut le 21 février 1666, et fut enterré, suivant sa dernière volonté, à la chartreuse de Villeneuve-lès-Agen. Il s'était distingué par sa charité; et, dans un temps de famine, il employa jusqu'à 800,000 livres en moins d'une année pour le soulagement des pauvres.

Il eut de son mariage :

1° Louis de Bourbon, mort en naissant;

2° Louis-Armand de Bourbon (*voir* ci-après II) ;

3° François-Louis de Bourbon, prince de Conti après son frère.

II. Louis-Armand, prince de Conti, etc., né le 4 avril 1661, élevé par les soins de sa mère, promettait un homme distingué à la patrie. Louis XIV, qui avait conçu de lui une haute idée, lui destina pour épouse Marie-Anne de Bourbon, dite *Mademoiselle de Blois*, qu'il avait eue de la duchesse de la Vallière. Les noces furent célébrées le 16 janvier 1680. Le jeune prince, voyant que la France jouissait d'une paix profonde, se disposa à faire sa première campagne, avec son frère, le prince de la Roche-sur-Yon, en Hongrie contre les Turcs. Beaucoup de seigneurs prirent part à cette expédition, qui fut très-brillante. Louis se trouva à la prise de Neuhausel, à la bataille de Gran, et se fit remarquer autant par son courage que par sa bonne conduite. Rentré en France pendant l'hiver de 1682, il se préparait à retourner au printemps en Hongrie; il était même déjà en Hollande, lorsque Louis XIV, qui avait besoin de sa noblesse, lui défendit de passer outre, menaçant les princes de sa colère si l'on ne revenait promptement. Louis-Armand reprit donc le chemin de la France. Arrivé à la cour, il reçut un accueil assez froid, et bientôt après fut exilé, non pas à cause de son départ précipité et de la répugnance qu'il avait mise à exécuter les ordres du roi, mais pour une certaine correspondance saisie sur les jeunes fugitifs. Il rentra pourtant en grâce depuis par l'intercession de sa femme. Il ne jouit pas longtemps de son bonheur, et mourut de la petite vérole à Fontainebleau, le 5 novembre 1685, ne laissant pas d'enfants; en conséquence, sa succession passa à son frère.

III. François-Louis de Bourbon, surnommé *le Grand*, prince de Conti et d'Orange, comte d'Alais et de Pézénas, baron de La Fère en Tardenois, seigneur de l'Ile-Adam et de Tric, marquis de Portes et de Graville, vicomte de Térargues, chevalier des ordres du roi, élu roi de Pologne, etc., né le 30 avril 1664. Ce prince est le héros de la branche de Bourbon-Conti. Comme son frère, il avait été élevé par sa mère. N'étant encore que prince de la Roche-sur-Yon, il fit ses premières armes en Hongrie, avec son frère aîné, et s'y distingua par sa valeur. Durant cette expédition, les princes, fort jeunes encore, écrivirent en cour et reçurent des lettres fort mordantes, dans lesquelles personne n'était ménagé, le roi et madame de Maintenon encore moins que les autres. La correspondance saisie, ils encoururent une disgrâce. Le prince de la Roche-sur-Yon, devenu prince de Conti par la mort de son frère aîné, fut exilé à Chantilly, avec ordre de n'en point sortir ; et il y resta jusqu'à la mort du grand Condé, qui, l'ayant toujours tendrement aimé, sollicita et obtint à son dernier moment le rappel de son cousin. Conti partit pour l'armée, où il servit avec gloire sous les ordres du maréchal de Luxembourg. Il fut élu roi de Pologne en 1697, et se rendit aussitôt par mer à Dantzig ; mais il ne trouva pas les choses disposées comme on le lui avait mandé ; le parti de l'électeur de Saxe l'emportait sur le sien ; il repassa donc en France, sans songer à la perte de la couronne dont on l'avait flatté. On lui fit un accueil très-froid à la cour. Louis XIV ne l'aimait pas, plutôt parce que le prince de Conti affectait une popularité qui contrastait avec la fierté du monarque que pour le souvenir des lettres interceptées. Conti demeura longtemps sans autre emploi que son gouvernement de Languedoc, où il était fort aimé, mais sans considération à la cour, où il vivait isolé au milieu des plaisirs. Pendant la guerre désastreuse de 1703, le monarque, forcé en quelque sorte par le cri public, se disposait à le mettre à la tête de l'armée d'Italie ; mais Conti était tourmenté par la goutte, qui le mit au tombeau le 22 février 1709.

Il avait eu de son mariage :

    1° N... de Bourbon, mort quatre jours après sa naissance ;

    2° N... de Bourbon, mort dans sa troisième année ;

    3° Louis-Armand de Bourbon (*voir* ci-après IV) ;

    4° Louis-François de Bourbon, comte d'Alais, mort au berceau ;

    5° Marie-Anne de Bourbon, épouse de Louis-Henri de Bourbon, morte sans enfants ;

    6° Louise-Adélaïde de Bourbon, appelée *Mademoiselle de la Roche-*

sur-Yon, née le 2 novembre 1696, morte le 20 novembre 1750 ;

7° N... de Bourbon, morte dans sa troisième année.

IV. Louis-Armand de Bourbon, prince de Conti et d'Orange, duc de Mercœur, comte d'Alais, de Beaumont-sur-Oise et de Pézénas, marquis de Graville et de Portes, vicomte de Térargues, baron de La Fère en Tardenois, seigneur de l'Ile-Adam, etc., chevalier des ordres du roi, du conseil de régence, gouverneur du Poitou, etc. Ce prince, né le 10 novembre 1695, a peu marqué dans l'histoire. A quinze ans, on le maria avec Louise-Élisabeth de Bourbon-Condé, sa cousine issue de germain. Louis XIV, en mourant, le nomma un des chefs du conseil de régence. Il expira à Paris en 1727.

Il avait eu de sa femme :

1° N... de Bourbon, comte de la Marche, mort dans sa troisième année ;

2° Louis-François de Bourbon, dont nous parlerons plus tard ;

3° Louis-Armand de Bourbon, duc de Mercœur, mort dans sa deuxième année ;

4° N... de Bourbon, comte d'Alais, mort âgé de huit ans et demi ;

5° Louise-Henriette de Bourbon, épouse de Louis-Philippe, duc d'Orléans, premier prince du sang.

PRINCES DE LA BRANCHE DE BOURBON-VENDÔME SOUS LOUIS XIV.

I. Louis, duc de Vendôme, fils aîné de César de Vendôme, naquit en 1612, et fut connu sous le nom de duc de Mercœur jusqu'à la mort de son père. Il fit ses premières armes en 1630, dans l'expédition que Louis XIII dirigea lui-même en Piémont, et servit ensuite en Hollande, où il se trouva à l'affaire de Lillo sous les yeux de son père. Depuis, il se distingua au siége d'Hesdin, à celui d'Arras, et surtout, le 2 août 1640, à l'attaque des lignes françaises, où il fut blessé d'un coup de feu. Après la retraite de son père en Angleterre, il s'éloigna de la cour, et n'y reparut qu'après la mort du cardinal de Richelieu. En 1649, il leva un régiment de cavalerie de son nom (Mercœur), et fut nommé vice-roi et commandant des troupes françaises en Catalogne. Il reprit Castel-Léon sur les Espagnols ; mais n'ayant pas assez de forces pour se maintenir, il demanda des secours, et n'ayant pu en obtenir, il résigna sa vice-royauté. Ce ne fut qu'après avoir épousé, en 1651, Laure Mancini, l'aînée des nièces du ministre Mazarin, qu'il entra tout à fait en faveur et devint commandant de la Provence, où il apaisa des troubles et se rendit maître de Toulon. En 1656, Louis XIV lui donna le commandement de l'armée de Lombardie, conjointement avec le duc de Modène ; ils résistèrent de concert aux attaques réitérées du cardinal Trivulce. Le roi le créa, en 1661, chevalier de ses ordres. C'était un général médiocre et de peu d'esprit. Ayant perdu sa femme en 1656, il embrassa l'état ecclésiastique, et fut créé cardinal en 1667. Le pape Clément IX le nomma légat *à latere* en France ; et ce fut au nom de ce pontife qu'il tint le dauphin sur les fonts de baptême. Il mourut à Aix en 1669.

II. François de Vendôme, duc de Beaufort, second fils de César de Vendôme, naquit à Paris en 1616, et porta le nom de *duc de Beaufort* dès l'âge de vingt ans. Il se distingua par sa valeur à la bataille d'Avein en 1635, aux siéges de Corbie en 1636, d'Hesdin en 1639, d'Arras en 1640. Anne d'Autriche, devenue régente en 1643, lui donna toute sa confiance. Il paraît qu'instruit de l'intérêt que prenait cette princesse à la conspiration de Cinq-Mars contre le cardinal, il avait été vainement sollicité de faire des aveux qui compromissent la reine, et qu'il s'était retiré en Angleterre avec ce secret. A son retour, après la mort de Richelieu, la reine le reçut avec la plus grande distinction, et dit publiquement en parlant de lui : « Voilà le plus honnête homme de France ! » Elle lui donna même, la veille de la mort de Louis XIII, la plus grande marque d'estime : craignant, sur de faux bruits, que le duc d'Orléans ou le prince de Condé ne fissent enlever le dauphin et le duc d'Anjou dès que le roi aurait les yeux fermés, Anne d'Autriche fit venir le duc de Beaufort, lui remit ses fils entre les mains, en présence de toute la cour, et ordonna aux troupes de lui obéir comme à elle-même. Il ne tarda pas à vouloir dominer et à se rendre incommode. Étant entré dans la cabale des *importants*, il prit parti pour la duchesse de Montbazon, qu'il aimait avec passion, contre la duchesse de Longueville, sœur du grand Condé ; il brava ouvertement le cardinal Mazarin ; sans jugement, sans politesse, il manquait de respect à la régente elle-même, lui tournant le dos quand elle parlait, ou ne lui répondant que par des sarcasmes. Anne d'Autriche, quoique naturellement indulgente, craignant enfin que, dans sa folie, le duc de Beaufort ne se portât à des violences, le fit renfermer au château de Vincennes, dans la même année 1643. Il se sauva de prison en 1649. Ce fut en souvenir de son adresse que le prince de Condé, arrêté à son tour, répondit à quelqu'un qui lui offrait l'Imitation de Jésus-Christ pour charmer l'ennui de sa captivité : « Non, plutôt l'imitation de M. de Beaufort ! » Quoi qu'il en soit, le brave des braves, le gardien du trône, le protecteur de la régente, se réunit à la faction appelée *la Fronde,* qui vint troubler les beaux jours de la régence. Le duc de Beaufort se joignit aux princes de Conti, aux ducs de Longueville, d'Elbeuf, de Bouillon, au maréchal de la Mothe, au fameux coadjuteur de Retz, au parlement de Paris; il devint l'idole de la populace, et fut proclamé *le roi des halles.* Il alla se loger dans la rue Quincampoix, que dès lors il rendit célèbre, et qui le devint davantage en 1720. Il voulut être marguillier de Saint-Nicolas des Champs, pour être plus à la proximité du centre de la populace, dont il avait le langage et les manières. Né avec toutes les qualités du corps et de l'esprit qui peuvent charmer le peuple, le duc de Beaufort avait des manières grossières; sa mine, fière et hautaine, lui faisait supposer de la grandeur d'âme; il n'avait que de la présomption : il se croyait de la capacité en affaires, il n'avait que du jargon; il voulait passer pour habile, et n'avait que l'artifice que comporte peu d'esprit et de bon sens. Son arrogante vanité ne consultait jamais personne et ne lui inspirait que de fausses démarches. L'étourderie était la marque distinctive de son caractère, et rien ne le prouve mieux que l'anecdote suivante. Voyant à certaine époque de la Fronde que les esprits se rapprochaient de la soumission, il demanda un jour au président Bellièvre s'il ne changerait pas la face des affaires en donnant un soufflet au duc d'Elbeuf. « Je ne crois pas, lui dit gravement le magistrat, que cela puisse changer autre chose que la face du duc d'Elbeuf. » Cependant le duc de Beaufort, si facile à porter aux dernières extrémités, ne se fit pas autant prier pour conclure la paix que Mazarin l'avait craint : il ne résista que faiblement aux propositions de la cour. Il se soumit sur des promesses vagues, qui ne furent jamais exécutées. Lorsqu'en 1652 le prince de Condé commença la guerre civile, le duc de Beaufort fut son lieutenant, ainsi que son beau-frère, le duc de Nemours. Ces deux princes ne purent s'accorder, et leur querelle se changea en animosité si ouverte qu'ils se battirent en duel, et le duc de Beaufort tua son beau-frère d'un coup de pistolet : le combat eut lieu, en 1652, à Paris, derrière l'hôtel Vendôme, dans l'endroit où est aujourd'hui le marché aux chevaux. L'autorité légitime fut universellement reconnue en 1653, et Beaufort ne fut plus pour Louis XIV qu'un sujet soumis. En 1664, il fut chargé d'une expédition navale contre les corsaires de Gigéri en Afrique. En 1665, le duc de Beaufort battit deux fois sur mer les Algériens. Il commanda, en 1666, la flotte française qui devait se joindre aux Hollandais contre l'Angleterre; mais cette démonstration ne fut qu'une démarche politique qui n'eut ni gloire ni péril. En 1669, il marcha, de l'aveu de Louis XIV, au secours des Vénitiens, attaqués depuis vingt-quatre ans par les Ottomans dans l'île de Candie. Le renfort que le duc amena ne fut pas assez nombreux pour empêcher le triomphe du célèbre grand-vizir Achmet Kiuperli : la réputation du duc de Beaufort, la valeur des Français qui combattirent sous ses ordres, l'éclat de cette expédition, retardèrent la reddition de Candie, donnèrent un espoir inutile aux Vénitiens, et prouvèrent seulement une fois de plus que les Français étaient de singuliers amis de la Porte-Ottomane, puisqu'elle les trouvait toujours dans les rangs de ses ennemis. Quoi qu'il en soit, le duc de Beaufort se signala au siége de Candie par des prodiges de valeur qui le firent autant redouter qu'admirer; mais il fut tué dans une sortie; son corps ne put jamais être retrouvé; on pensa que les vainqueurs lui coupèrent la tête, selon leur barbare usage à l'égard des vaincus. Telle fut la vie extraordinaire et la fin malheureuse du duc de Beaufort, petit-fils de Henri IV. Il avait hérité de sa valeur; mais la valeur n'avait chez lui que le caractère de la témérité : plus fin qu'habile, plus grossier que courtois, plus hautain que fier, son étourderie constante l'empêcha de jouer le rôle pour lequel il se croyait fait, dans les temps de troubles qui agitèrent la minorité de Louis XIV.

III. Élisabeth de Bourbon, fille de César de Vendôme, épouse de Charles-Amédée de Savoie, duc de Nemours, tué en duel à l'âge de vingt-huit ans, par le duc de Beaufort, son beau-frère. La duchesse de Nemours fut inconsolable de la mort de son mari, et ne la pardonna jamais à son frère. Elle avait eu deux filles, dont l'une fut duchesse de Savoie, et l'autre reine de Portugal.

IV. Louis-Joseph, duc de Vendôme, fils aîné de Louis, naquit en 1654, et porta jusqu'à la mort de son père le nom de duc de Penthièvre. Son éducation ne fut pas très-soignée sous le rapport de l'instruction, et il ne montra jamais beaucoup de goût pour les sciences et les lettres. Il débuta dans la carrière des armes comme simple garde du corps, marchant à la suite de Louis XIV, dans l'invasion de la Hollande, en 1672; il fit ensuite les dernières campagnes de Turenne, et fut blessé au combat d'Altenheim, dans la retraite qui suivit la mort de ce grand homme. Nommé brigadier des armées du roi, en 1677, ce fut en cette qualité qu'il fit la campagne de Flandre, sous le maréchal de Créqui, et qu'il se distingua aux siéges de Condé et de Cambrai; ce qui lui valut, l'année suivante, le brevet de maréchal de camp. La paix de Nimègue ayant enfin rendu le repos à l'Europe, le duc de Vendôme se retira dans son château d'Anet, où il se livra sans réserve à son goût pour tous les genres de plaisirs. Nommé gouverneur de la Provence, en 1681, il en alla prendre possession ; et les états de la province lui ayant offert, selon l'usage, une somme d'argent considérable, il la refusa avec un noble désintéressement. Nommé lieutenant général et chevalier des ordres, en 1688, il se distingua dans quatre campagnes successives, aux siéges de Mons et de Namur, au combat de Leuse, et surtout à celui de Steinkerque, où le maréchal de Luxembourg ayant été surpris par les Anglais, ne parvint à les repousser qu'à la suite de trois charges sanglantes dirigées principalement par le duc de Vendôme et son frère, qui y donnèrent des preuves d'intrépidité. En 1693, le duc de Vendôme fut envoyé en Italie, sous les ordres de Catinat, et il contribua très-efficacement à plusieurs victoires de ce maréchal, surtout à celle de la Marsaille, où il commandait l'aile gauche de l'armée française. Louis XIV lui accorda alors rang au parlement, au-dessus des pairs, et il fut créé général des galères, sur la démission du duc du Maine ; mais une faveur plus importante fut le commandement en chef de l'armée de Catalogne, où Vendôme arriva dans le mois de juin 1695, pour remplacer le maréchal de Noailles. Après avoir fait lever le siége de Palamos et culbuté la cavalerie espagnole, que commandait le prince de Hesse-Darmstadt, il commença le siége de Barcelone. Louis XIV mettait beaucoup de prix à cette conquête. On avait en conséquence donné à Vendôme des moyens considérables, et la place fut investie par terre et par mer ; mais elle était bien approvisionnée, défendue par une forte garnison, et tout annonçait que l'opération serait longue et difficile. La cour d'Espagne, qui tenait beaucoup à la conservation de ce boulevard de ses frontières, envoya une armée nombreuse sous les ordres du vice-roi de Catalogne, François de Velasco, pour attaquer les assiégeants. Le duc de Vendôme, informé de ce projet, résolut de le prévenir. Ne laissant dans ses lignes que le nombre de troupes nécessaires pour contenir la garnison, il marche pendant la nuit contre Velasco, le surprend au point du jour et le met dans une déroute complète. Cette victoire fut bientôt suivie de la prise de Barcelone, qui capitula le 10 août 1695 : ces événements amenèrent la paix de Riswick. Vendôme retourna triomphant dans sa délicieuse retraite d'Anet, et il n'en sortit qu'à l'époque de la guerre de la succession. Chargé alors d'aller réparer en Italie les fâcheux résultats de l'impéritie de Villeroi, il prit le commandement de l'armée des deux couronnes, et se trouva, pour la première fois, avec le nouveau roi Philippe V, auquel il inspira, dès ce moment, une grande confiance. Ce prince lui avait amené de Naples de nombreux renforts ; Vendôme se vit à la tête d'une armée de beaucoup supérieure à celle des Impériaux ; mais ceux-ci étaient commandés par le prince Eugène, le plus entreprenant et le plus fécond en ressources des généraux de ce temps-là. Ces qualités n'étaient pas, il faut le dire, celles de Vendôme ; tous les contemporains s'accordent à le représenter comme incapable de méditer et de préparer de longue main une opération, et surtout comme dépourvu de la vigilance et de l'activité qui peuvent seules assurer l'avantage. Il est difficile d'expliquer comment un tel homme s'est fait une assez grande réputation dans un siècle où brillèrent tant d'illustres guerriers ; et l'on ne conçoit pas mieux comment il a pu réellement obtenir des succès importants ; mais on ne peut nier qu'à son excessive incurie, à son insurmontable paresse, il joignait un coup d'œil excellent, une valeur à toute épreuve, un sang-froid imperturbable dans les plus grands périls, et que par des avantages si grands dans un général, il réparait souvent les malheurs qu'avait causés son imprévoyance. Dans cette campagne de 1702, il débuta de la manière la plus brillante, poussant devant lui l'armée impériale, battant son arrière-garde à Ustiano, à San-Vittoria, et faisant lever le blocus de Mantoue. Mais bientôt, retombé dans son indolence, il se relâcha des précautions qu'il avait d'abord prises, et après avoir marché sans reconnaître le pays, sans être même précédé d'une avant-garde, il allait établir son camp sur le canal du Zero, dans la plaine de Luzara, lorsque le hasard fit découvrir, cachée derrière ce même canal, toute l'armée du prince Eugène, qui avait passé le Pô sans que l'on s'en fût aperçu, et qui était près de fondre sur les Français désarmés et occupés à dresser leurs tentes. Toute l'armée de Vendôme était perdue sans ressource, si sa sécurité eût duré un quart d'heure de plus. Dès qu'il est averti, il saisit, au premier coup d'œil, tous les avantages et les difficultés du terrain, forme ses troupes, les mène au combat, et fait si bien, qu'après de longs et sanglants efforts de part et d'autre, la victoire reste indécise, dans une journée où l'ennemi croyait marcher à un triomphe assuré (15 août 1702). Philippe retourna en Espagne aussitôt après ; et persuadé qu'il avait assisté à une victoire, il donna l'ordre de la Toison d'Or à Vendôme. Resté à la tête de l'armée confédérée, ce général pénétra dans le Tyrol, obtint divers avantages sur le comte de Stahrenberg, et se rendit ensuite en Piémont pour y combattre le duc de Savoie, qui venait de se séparer de la France. Il désarma trois mille hommes des troupes de ce prince, alors réunies à l'armée française, et lui enleva plusieurs places, entre autres celle de

Verrue, qui capitula après un long siège. Mais bientôt, obligé de marcher à la rencontre du prince Eugène, qui venait au secours du duc de Savoie, il le rencontra sur l'Adda, où fut livrée, le 16 août 1706, la bataille de Cassano, si sanglante, si indécise, et dans laquelle, comme à Luzara, le hasard et la valeur française suppléèrent à l'imprévoyance du général. Vendôme, qui d'abord s'était laissé tromper, sur le point d'attaquer, fit de si bonnes dispositions au Paradiso, qu'il força le prince Eugène à tenter le passage du fleuve d'un autre côté; mais il se troubla ensuite tellement, il agit si peu de concert avec son frère, le grand prieur, qu'il ne put opposer à l'armée impériale, sur le pont de Cassano, que des corps séparés, combattant sans ensemble et presque sans direction, dans un cul-de-sac où la victoire pouvait seule les soustraire à une ruine absolue. C'est ainsi que cette bataille a été représentée par les meilleurs juges, par Feuquières, par Folard lui-même, quelque admirateur que ce dernier fût du duc de Vendôme, qui l'avait fait son aide-de-camp. Ce général montra plus d'habileté, quelques mois après, en surprenant l'armée impériale dans ses quartiers d'hiver à Calcinato : mais, dans cette circonstance, il manqua encore d'activité, et n'ayant pas poursuivi rapidement un premier avantage, il laissa échapper l'occasion d'en obtenir de plus considérables. Ce fut son dernier exploit en Italie. Destiné à remplacer Villeroi après tous ses désastres, il fut envoyé en Flandre, en 1708, pour y commander les débris qui venaient d'échapper à la défaite de Ramillies : mais ne connaissant pas le pays, se trouvant en présence de Marlborough et du prince Eugène, et peu d'accord avec le duc de Bourgogne, il essuya toutes sortes de revers et perdit la bataille d'Oudenarde, si funeste pour la France dans les circonstances fâcheuses où le royaume se trouvait. Sans adopter sur cet événement toutes les assertions de Saint-Simon, qui a traité Vendôme avec beaucoup de sévérité, on ne peut nier que ce général ne fit dans cette occasion aucune disposition pour empêcher la jonction du prince Eugène avec Marlborough, ni pour opérer la sienne avec le prince de Berwick qui lui amenait des renforts, ni enfin pour résister à une attaque qu'il devait prévoir. Il n'est pas moins vrai que ses troupes, prises au dépourvu, et venant l'une après l'autre en colonnes sur le terrain, n'eurent pas le temps de se former. Le désordre de la retraite, exécutée pendant la nuit, fut encore plus grand, et l'armée française y fit des pertes immenses; enfin Vendôme mit le comble à ses torts en parlant à l'héritier du trône, au milieu d'un conseil de guerre, avec la dernière arrogance, et en rappelant à ce prince, de la manière la plus dure, qu'il (le prince) n'était venu que pour obéir. C'était se condamner lui-même ; mais ses partisans ne persistèrent pas moins à dire que les ordres du jeune duc avaient fait tout le mal, qu'ils avaient empêché les meilleures résolutions ; et ils répétèrent avec plus de violence encore ces accusations contre le petit-fils de Louis XIV lorsque les alliés entreprirent le siége de Lille et qu'ils s'emparèrent de cette place en présence de cent mille Français qui ne firent rien pour les en empêcher. Les partisans de Vendôme étaient surtout appuyés par le dauphin, père du duc de Bourgogne, qui avait le tort incroyable d'être jaloux des succès de son fils. Dès que cette déplorable campagne fut terminée, Vendôme parut à la cour de Meudon, et il y fut accueilli avec beaucoup d'empressement. Il jeta en même temps dans le public une espèce de mémoire justificatif, où la plupart des faits étaient défigurés et rapportés d'une manière tout à fait injurieuse au duc de Bourgogne. Ce fut par tous ces moyens et par l'influence d'un parti nombreux que, malgré ses défaites, Vendôme conserva une grande réputation d'habileté ; enfin ce fut ainsi que, un an plus tard, lorsque la couronne d'Espagne fut près d'échapper à Philippe V, lorsque ce prince, obligé de quitter sa capitale, n'eut plus d'espoir que dans le secours de la France, il ne vit de moyen de salut que dans la valeur du vainqueur de Luzara, et il le demanda avec beaucoup d'instances à Louis XIV. Ce monarque se hâta de faire partir le duc, et il envoya en même temps en Espagne tous les secours dont il put disposer. Au nom de Vendôme, tous les débris échappés à la défaite de Saragosse se réunirent ; un grand nombre de volontaires accoururent de toutes les parties de l'Espagne pour se ranger sous les drapaux de Philippe V ; et bientôt l'archiduc d'Autriche, son compétiteur, se vit obligé de quitter Madrid devant le petit-fils de Louis XIV, qui y fit sa rentrée à côté de Vendôme, le 3 décembre 1710, au milieu des cris de : Vive Philippe V ! vive Vendôme ! Trois jours après, tous deux quittèrent cette capitale ; ils poursuivirent avec une admirable rapidité l'armée de Stahrenberg, et forcèrent à capituler le général Stanhope, qui après s'être maladroitement trop éloigné de l'armée dont il commandait l'arrière-garde, s'était plus maladroitement encore enfermé dans la mauvaise place de Brihuega, où il mit bas les armes avec cinq mille Anglais. Ce succès important fut bientôt suivi de la victoire de Villa-Viciosa, que Vendôme remporta sur Stahrenberg lui-même. Cette victoire, quoique longtemps disputée, fut tout à fait décisive, et cette époque du petit-fils de Henri IV est réellement très-brillante : c'est la plus belle de sa vie. Cependant il était malade, souffrant de la goutte et déjà d'un âge avancé :

ce fut dans cet état qu'on le vit déployer plus d'énergie et d'activité qu'il n'en avait montré dans toute la force de sa jeunesse. Toujours à cheval, et se donnant à peine le temps de prendre un léger repas, il força en quelque sorte le jeune roi à suivre son exemple. Dans la soirée de la victoire de Villa-Viciosa, tous deux n'avaient que leurs manteaux pour coucher sur le champ de bataille. Ce fut alors que Vendôme dit avec tant de grâce au jeune monarque : « Je vais donner à Votre Majesté le meilleur lit sur lequel un roi ait jamais pu coucher ; » et faisant apporter tous les drapeaux et les étendards pris à l'ennemi, il les arrangea en sa présence. Revenu triomphant à Madrid avec le roi, qui lui devait sa couronne, il y fut comblé d'honneurs et admis au rang de premier prince du sang ; mais il refusa généreusement toutes les sommes d'argent qui lui furent offertes, et peu de temps après, voulant achever son ouvrage, il partit pour la Catalogne afin de soumettre quelques corps d'insurgés qui tenaient encore pour l'Autriche. Ce fut dans cette expédition qu'il mourut subitement, au milieu de ses triomphes, à Tignaroz, le 11 juin 1712. Philippe V ordonna que toute l'Espagne prît le deuil, et il le fit enterrer à l'Escurial dans le tombeau des infants d'Espagne. Vendôme avait épousé, en 1700, Marie-Anne de Bourbon-Condé, qui mourut en 1718. Peu d'hommes ont donné lieu à des opinions plus diverses, peu de guerriers offrent dans leur carrière de quoi établir des jugements plus contradictoires. Avant de commander en chef, il avait montré quelque habileté, et surtout cette bravoure qui le distingua toujours. Dans sa première campagne en Catalogne, il brilla par l'audace, l'activité, et il obtint de beaux résultats. Mais en Italie, où il avait par le nombre une grande supériorité sur le prince Eugène, il profita peu de cet avantage, ne déploya aucun plan, aucune combinaison hardie ; et, dans les deux occasions les plus importantes, ne dut qu'au hasard d'échapper à une défaite absolue et dont on n'eût pu accuser que son imprévoyance. A Oudenarde, où il était également supérieur par le nombre, il se laissa prévenir malgré des avis réitérés, et il résolut de combattre lorsqu'il n'était plus temps ; il attribua tous les torts à l'héritier du trône ; et quoique ce prince ne fût venu que *pour obéir*, comme il le lui dit avec tant d'insolence, il rejeta sur lui toutes les suites de sa propre indécision, de son impéritie ; et son parti, qui ne laissait pas d'être nombreux, fit retentir ses plaintes jusqu'aux oreilles du roi et nuisit beaucoup au duc de Bourgogne dans l'esprit de Louis XIV. On resta persuadé, à la cour et dans le public, que Vendôme était un grand général, et ce fut l'opinion de toute la France autant que celle de Philippe V, qui le conduisit presque aussitôt en Espagne, où l'on crut qu'il était le seul homme capable de replacer la couronne sur la tête du petit-fils de Louis XIV. Ses opérations dans cette contrée sont dignes d'éloge sous beaucoup de rapports. Contre sa coutume, il y déploya de l'activité. Il fut admirablement secondé, il est vrai, par les troupes et surtout par les généraux espagnols, et il eut le tort de ne pas reconnaître assez ce qu'il devait à la valeur du comte d'Aguilar, qui lui fut indignement sacrifié par la cour. Si les talents militaires de Vendôme ont pu être jugés diversement, toutes les opinions sont d'accord sur le scandale de ses mœurs et de sa vie privée. D'un cynisme et d'une malpropreté dégoûtante, il cachait à peine ses goûts honteux. Personne n'a contesté son désintéressement et sa bonté; mais cette bonté et ce désintéressement n'avaient souvent pour principe qu'une faiblesse déplorable et qui tournait presque toujours au profit des intrigants et des fripons dont il était sans cesse entouré. Le désordre de sa maison était tel, que le secrétaire de ses commandements, Campistron, a dit qu'on risquait toujours d'y mourir de faim ou d'indigestion. Ses domestiques le volaient ouvertement. L'un d'eux lui ayant dit un jour qu'il allait le quitter, ne pouvant plus voir piller aussi effrontément : « N'est-ce que cela? lui dit Vendôme; eh bien, pille comme les autres. » A ses derniers moments, lorsqu'il fut près d'expirer des suites d'une indigestion, ces misérables vendirent jusqu'au matelas sur lequel il était couché. Dans son château d'Anet, comme avec son état-major, il passait sa vie au milieu des hommes les plus méprisables, leur sacrifiant ses meilleurs officiers et souvent ses devoirs les plus impérieux. L'un d'eux était notoirement vendu aux ennemis de l'état et leur livrait le secret des plus importantes opérations. Le moyen de succès le plus assuré auprès du duc était d'afficher une grande liberté dans sa conduite et dans ses propos. Ce fut par là que le fameux Alberoni sut lui plaire et s'en fit un protecteur très-zélé. Fort populaire et presque familier avec ses inférieurs et surtout avec les soldats, il était fier avec ses égaux, et tirait surtout beaucoup de vanité de son origine. Philippe V lui ayant témoigné son étonnement de ce qu'il avait tant d'esprit et de valeur, quoique son père en eût peu montré, il répondit au monarque : « Mon esprit vient de plus loin. » On sait que Louis XIV n'aimait pas Vendôme, qu'il ne l'employa jamais que faute de pouvoir faire mieux; et l'on a dit que cet éloignement venait surtout de ce que les princes n'aiment pas les bâtards de leur maison; mais aucun de nos rois n'eut plus de raison que celui-là d'être indulgent pour ce genre de scandale; il est plus probable que le monarque

PHILIPPE D'ORLEANS FILS DE LOUIS XIII

Lebrethon. del.   mercis lylg.

LOUIS DE BOURBON SURNOMMÉ LE GRAND CONDÉ

FRIBOURG

Leberthais Lith.

Imp. de Maurin.

PHILIPPE V
ROI D'ESPAGNE.

Leberthais Lith.   Imp. de Maurin.

PHILIPPE D'ORLÉANS RÉGENT

LOUIS XVI

Leberthais Lith.

Imp. Maurin.

MARIE
ANTOINETTE

Leberthais Lith.   Imp. Maurin.

Imp.ᵉ par A. Goda

MARIE   THÉRÈSE   CHARLOTTE

DUCHESSE

D'ANGOULÊME

Leberthais Lith.   Imp. de Maurin.

LOUIS JOSEPH DE
PRINCE DE
CONDE

Leberthais Lith.

Imp. de Maurin.

ANTOINE
DE BOURBON
DUC
D'ENGHIEN

LOUIS   HENRI

Leberthais Lith.   Imp. de Maurin.

S. A. R. MADAME. DUCHESSE DE BERRY.

MARIE AMELIE
REINE
DES FRANÇAIS

Leberthais lith.

Imp. de Maurin.

ISABELLE II REINE D'ESPAGNE.

DON. CARLOS

DON CARLOS

Géraud Lith.

Lith. de Villain.

LOUIS PHILIPPE ALBERT
D'ORLÉANS
COMTE DE PARIS

Imp. de Maurin.

www.ingramcontent.com/pod-product-compliance
Lightning Source LLC
Chambersburg PA
CBHW071225290326
41931CB00037B/1966